Herejías.

José Luis Santín

"Escribo para saber de lo que estoy hablando".

Edward Albee.

Dramaturgo norteamericano.

ÍNDICE

PREFACIO

Conozco al autor desde que ambos éramos jóvenes, en nuestros veintes. Años después contrajo matrimonio con mi hermana ante los ojos de Dios, en la iglesia parroquial de San José en Caracas, de acuerdo con los preceptos de la fe católica. El hijo que nació de esa unión fue bautizado también en ese mismo santuario varios años más tarde.

El autor, mi cuñado, treinta y siete años más tarde, escribe este ensayo documental que sintetiza la teoría de cómo las religiones y las ideologías políticas, han estado íntimamente ligadas a la evolución de nuestra humanidad, argumentando que ambas son un gran engaño creado por el hombre para ejercer un control social sobre los seres humanos.

¿Catalogaría este ensayo como una HEREJÍA? Pues, como provengo de una familia católica y crecí, junto a mis hermanas, bajo ese dogma de fe, mi primera intención sería responder afirmativamente a esa interrogante. Tal y como me lo enseñaron desde muy niña, en la gran mayoría de las religiones se cree en un Ser Divino, en una Fuerza o Ser Superior responsables de nuestra creación y de controlar el orden natural en el mundo. Hasta aquí el autor coincide con mi creencia y yo coincido con la de él. Pero él agrega que esa circunstancia ha llevado al hombre a inculcar a los seguidores de esas fes un conjunto de creencias y normas cuyo fin último es el control social, destinado a mantener el orden establecido en las sociedades humanas. Es aquí donde mi fuero de conciencia me deja cavilando sobre la teoría analizada por el autor.

Si llegaran a preguntarme, ¿Crees en la existencia de un Dios como un ser omnipotente, creador del universo y guía de nuestro destino?, respondería firmemente **"Sí creo"**. Pero también es cierto, y **también lo creo**, que nos enfrentamos a un debate eterno en esta materia. ¿Cómo es posible la existencia de un Ser Supremo que tenga algo que ver con la creación del universo, cuando científicamente, el estudio de la teoría del Big Bang puede explicar el origen de éste?, ¿Existe realmente ese Ser Superior?, ¿Se puede explicar la existencia de un Ser Sobrenatural a alguien que necesita prueba de ello?, ¿Podemos creer en la probabilidad de la existencia de un Dios sin ser irracionales o anticientíficos y, eso sí, sin caer en el fanatismo? Pues yo creo que el autor en ésta, su obra **HEREJÍAS**, como el mismo la ha titulado, lo consigue. Él expone con claridad y con respeto a nosotros los creacionistas, sus respetables ideas que fundamentan su "herética" teoría, tras haber desentrañado una amplia investigación bibliográfica desarrollada por otros expertos en la materia. Y reafirmo este punto. El autor, con humildad intelectual, reconoce el asidero de sus explicaciones y convicciones, en las calificaciones académicas de los expertos consultados, a quienes señala a lo largo de su obra y luego sintetiza en la bibliografía.

La necesidad de respuestas a preguntas emocionales ha sido siempre el principio de la fe. Ese "Ser invisible" en el que yo creo y muchos otros millones en el mundo también, es la base firme sobre la que podemos apoyarnos cuando las cosas parecen derrumbarse a nuestro alrededor. En situaciones difíciles o trágicas, cuando se busca una respuesta lógica a un **¿Por qué ocurrió?,** a veces nos surge la necesidad de achacar a ese "Ser superior" la responsabilidad de esa situación, pero, en esos momentos, la expresión "El tiempo de Dios es perfecto" se nos manifiesta como la explicación positiva a esa situación sin respuesta lógica. José Luis Santín describe este efecto tan cotidiano en nosotros los creyentes, con el racionamiento que nos ofrecen los curas, sacerdotes, imanes o pastores a nosotros, las ovejas de su rebaño: "Los designios de Dios son inescrutables". Alguna razón justificada tendrá Dios para permitir que ocurra esa tragedia o dificultad, aunque nosotros no seamos capaces de vislumbrarlo. Cuando en la actividad cotidiana no se consigue respuesta a ciertos hechos a través de la ciencia y sus leyes, nos enfocamos en la fe de respetar las decisiones que toma ese ser invisible y sobrenatural que nos resultan incomprensibles a nosotros, sus mortales y leales seguidores.

En el cristianismo, cuando se obedecen a los Diez Mandamientos y a las enseñanzas del Nuevo Testamento se demuestra la FE en ese Padre Celestial y, se tiene en él, la confianza de que nunca nos abandonará. A través de ellos, se les inculca a los seguidores, qué hacer, cómo pensar y cómo comportarse de acuerdo con las sagradas escrituras. De manera similar ocurre en las otras religiones monoteístas, como bien nos lo explica el autor. Reconozco que este aserto le da baza a las argumentaciones que sustentan la opinión de José Luis Santín en su interesante obra.

En realidad, ¿la fe nos da una sensación de confort a través de la veneración, o demuestra una ausencia de pensamiento crítico?, ¿Los líderes religiosos y políticos pueden influir de tal manera en la colectividad?, ¿Pueden ellos diseñar reglas, normas, regulaciones o tradiciones de tal manera que logran maximizar el control social? Estas son preguntas que el autor nos deja rondando en la cabeza tras haber leído sus razonadas y fundamentadas explicaciones. En "HEREJÍAS", el autor expone cómo, por qué y para qué surgen esos seres "sobrenaturales" que cohabitan en nuestras vidas y escrutan nuestras actividades cotidianas. Siempre respetuoso de los creyentes en la diversas fes religiosas y seguidores de las ideologías políticas, o religiones seculares, como las denomina el autor.

Como he expresado, a pesar de mi firme convicción religiosa como cristiana que soy, no desdeño del contenido de esta interesante y documentada obra, aunque en ocasiones vaya a contravía de mis creencias. Ofrece mucho para meditar y poner a prueba nuestras convicciones de fe, sin la pretensión, por su parte, de intentar hacerlo, debo aclarar.

Claumary Herrera

Católica en la fe y Licenciada en ciencias informáticas.

INTRODUCCIÓN

El contenido que está por empezar a leer podría ser catalogado como una herejía por algunos, y lo es, porque expresa un desacuerdo con las doctrinas religiosas comúnmente aceptadas por la mayoría de los habitantes de este planeta. Aunque nacido en una época y país donde se gozaba de una estable democracia y en el seno de una tradicional familia católica, el pasar de los años que alimentan la madurez del ser humano, me condujo a la apostasía doctrinal que me caracteriza en la actualidad. No caeré en la blasfemia por cuanto no pretendo ser impío ante lo sagrado de lo que otros creen, por tal razón me decanto por llamarlo una herejía. Seré respetuoso con los creyentes, aunque no comparta sus creencias. Con los creyentes en las fes religiosas y con los creyentes en las ideologías políticas, con ambos. Los dos ámbitos han estado íntimamente ligados a la evolución de nuestra humanidad, desde tiempos inmemoriales. Ambos son mecanismos para ejercer control, para influenciar nuestros pensamientos, decisiones, actitudes y comportamientos. Ambos mecanismos moldean nuestras creencias hasta que nos sentimos a gusto estando subordinados a algo superior, sagrado e inalcanzable. Y ambos mecanismos de control han sido producidos y perfeccionados por el mismo ser humano, o sea, por nosotros mismos, desde nuestros ancestros hasta nuestros contemporáneos. De explicar estos fenómenos de control social y rivalidad política, es de lo que se trata la lectura que está por empezar, amable lector.

Y todo ello se debe a que, a través de millones de años de evolución, la raza humana ha moldeado su psicología moral, aquella que subyace en nuestro cerebro imbuida de una genética que se ha estructurado alimentada por la evolución de nuestros antepasados. Todos los seres vivos actuales hemos evolucionado, nos hemos adaptado al medio que nos circunda y hemos prevalecido sobre otros seres que no pudieron lograrlo. Y a pesar de que los humanos compartimos más del 90% de los genes con el resto de los seres vivos, solo nosotros, los humanos, tenemos la habilidad de emitir sonidos coherentes que nos permiten elaborar palabras y con ellas debidamente articuladas, crear oraciones y narrar acontecimientos. "En el principio era la palabra", reza el primer versículo del cuarto evangelio de san Juan en el Nuevo Testamento canónico de la religión cristiana. Y con palabras el hombre estructuró ideas, narró situaciones y creó leyendas, cuentos e historias. Unas reales, otras no tanto.

Y con esas narrativas que el hombre, desde nuestros más remotos ancestros, aprendió a desarrollar y otros a escuchar, que a falta de mejor relato empezamos a creer, el ser humano empezó a inventar, a crecer como grupos y sociedades, a expandirse por el planeta y a conquistar nuevos territorios en búsqueda de necesarios recursos materiales y humanos que se requerían para seguir evolucionando. Ese crecimiento poblacional, esa expansión geográfica y esa necesidad de "poner orden en las cosas", propició el nacimiento de los sistemas de organización y control de las sociedades. Primero surgieron los jefes de tribus, los líderes de grupos más o menos cohesionados, los jefes de comunidades que luego dieron surgimiento a los gobernantes, a los faraones y a los reyes de ingentes asentamientos humanos de miles, decenas de miles y luego de millones de seres. El crecimiento exponencial de las poblaciones hizo perentorio organizar, liderar y controlar a esas masas humanas, creando e imaginando mecanismos más sofisticados de control y organización.

Crear disciplina y orden en grupos diversos y con diversas prioridades no es tarea sencilla. Se puede convencer a alguien de comportarse de cierta manera o de hacer algo que se requiere, bien sea ofreciéndole algún beneficio a cambio o bien sea generándole temor a las consecuencias por negarse a colaborar. Una mezcla de ambos recursos también funciona. De manera que, con el dominio de la palabra y más tarde de la escritura, los líderes de esas agrupaciones humanas cada vez más numerosas empezaron a crear relatos, leyendas e historias útiles para facilitar el control de esos seres, influyendo en sus pensamientos y creencias. Dichos relatos ofrecerían los beneficios y los castigos necesarios para aquellos que siguieran la norma establecida, o para los que se opusieran a ella, respectivamente. Habían nacido la política y la religión como herramientas de mutuo apoyo para lograr el objetivo deseado de organizar y controlar a las masas humanas.

Analizando nuestra evolución como especie y de qué manera se comporta nuestra mente, viajaremos a un pasado remoto para entender cómo nuestro crecimiento societal ha cambiado y se ha hecho más complejo y, de igual manera identificar cómo nuestros mecanismos de control y organización han debido modificarse dada la evolución de los conocimientos científicos y de la comprensión del mundo circundante. El nivel de aprendizaje que hemos adquirido a través de cientos de miles de años nos ha hecho seres más curiosos por los hechos que nos suceden alrededor, nos interesa más saber por qué pasa esto o aquello, pero sin embargo también nuestra mente en constante desarrollo nos lleva a cierto acomodo mental que nos adapta a lo que nos conviene y rechaza lo que confronta nuestros ideales. Eso nos hace humanos. Pensamos analíticamente pero también creemos en asuntos improbables porque se ajusta mejor a nuestra conveniencia o flojera mental. Creer es más fácil que pensar.

De esa debilidad se aprovechan ciertas élites que, conociendo las particularidades intelectuales humanas, las explotan en su beneficio. De allí surgen los habilidosos líderes que utilizan a las incautas mayorías en su beneficio. Las relaciones de control vertical han sido necesarias desde que los asentamientos humanos comenzaron a hacerse numerosos. En contraposición, las relaciones horizontales son más parentales, referidas a pequeños grupos humanos relacionados entre sí por nexos familiares. Ante el crecimiento exponencial de las poblaciones, las relaciones de control vertical se hicieron necesarias para preservar el orden y el control de las diferencias de opinión e intereses que iban surgiendo entre los miembros de esas sociedades humanas no emparentadas entre sí.

Es por esa necesidad que surgieron los relatos y las narrativas gloriosas sobre los orígenes de las sociedades. Relatos que le dieran a las gentes sentido de pertenencia e identificación con determinados grupos humanos que también los hiciera diferentes a otros. Crear identidades alrededor de un símbolo y una narrativa es lo que siempre se ha hecho en nuestra historia humana para amalgamarnos con fuerza ante otros. Se crearon diferentes religiones y se consolidaron grandes imperios y reinos, que, trabajando en común, se hacían con el control y el servicio de sus ciudadanos, vendiéndoles un futuro esplendoroso y una esperanza para seguir adelante, todo bajo la supervisión permanente de un ser sobrenatural y supremo que inspira o designa a un gobernante (rey, faraón o César), no importa el nombre que le demos, para proteger y dirigir a sus pueblos en búsqueda de un bien superior. Así ha sido y, al parecer, lo seguirá siendo.

De eso se trata este relato. De analizar cómo, por qué y para qué surgen esos seres sobrenaturales que "observan" nuestras vidas y actividades cotidianas. Se trata de identificar y exponer a esos "seres imaginarios" que nosotros, los seres humanos, hemos creado desde nuestros orígenes y que permanecen "vivos" para conservar la cohesión de los grupos humanos, direccionados en el camino que mejor sirva a otros intereses superiores.

CAPÍTULO UNO

Una vida entre miles de millones.

José, despierta, me dijo una mañana mi padre, mientras aun dormitaba en mi confortable cama, ubicada en el dormitorio que compartía con mi hermano Enrique. "Levántate y arréglate que salimos en una hora", me dijo, mientras me zarandeaba la cabeza suavemente ayudando a despabilarme. Tenía ocho años y ese día iba a someterme a una operación médica para corregir el arco de mis pies planos en el Hospital "San Juan de Dios", en Caracas, Venezuela.

El hospital San Juan de Dios era un centro de salud privado de reciente construcción. De hecho, yo sería uno de sus primeros pacientes tras su inauguración en el año 1970. Financiado con fondos públicos y privados y, administrado por sacerdotes católicos, pasaría a ser desde entonces uno de los centros médico-asistenciales más modernos y mejor dotados de equipamiento científico orientado a la pediatría infantil de la ciudad capital.

No sé cuántas gestiones tuvo que hacer, especialmente mi madre, para conseguir que, sin que fuera una carga monetaria para ellos, fuera aceptado como paciente, fuese operado y fuese rehabilitado para volver a caminar normalmente, todo lo cual ocurriría durante tres largos meses de mi infancia. Sé que mis padres agradecieron enormemente a los sacerdotes que administraban el hospital por todo el apoyo que recibieron para mi curación.

Algún "gracias a Dios" también escucharía especialmente saliendo de la boca de mi madre. Éramos una familia católica.

Al igual que mis dos hermanos, Enrique y Patricia, habíamos sido bautizados de acuerdo con las normas de esa fe religiosa y luego, también satisfaríamos el sacramento de la Eucaristía o primera comunión. Mis padres mantenían dicha tradición religiosa, heredada de sus respectivos padres, aunque no la profesaban con especial devoción. A nosotros, sus tres hijos, también nos inscribieron en colegios católicos privados para recibir nuestra educación elemental y básica. Fue en ellos donde recibimos la preparación necesaria para estar listos para recibir la Primera Comunión del catolicismo.

Mi padre, técnico en calculadoras mecánicas devenido prontamente en técnico en computadoras, dado el vertiginoso avance de esa incipiente ciencia informática, era muy curioso y motivado a buscar explicaciones científicas a todas las cosas de la vida cotidiana. Recibir regalos en nuestros cumpleaños o navidades, era siempre una aventura de aprendizaje: juegos de química, estructuras mecánicas de construcción o juguetes con algo de tecnología, eran sus preferidos para nosotros. Si alguna pieza de la grúa de juguete subía o bajaba, o el líquido en algún experimento cambiaba de coloración, o la electricidad no fluía por las vías del tren de juguete en una sección y sí en otras, él siempre nos explicaba el porqué de ello con algún argumento científico elemental comprensible para nuestras cortas edades en aquellos años de la década de los sesenta y principio de los setenta del siglo XX.

Visitábamos o asistíamos a iglesias cuando se presentaba alguna ceremonia religiosa a la que éramos invitados -bautizos, primeras comuniones o matrimonios-, pero también nos llevaban a recorrer los museos de historia y de ciencias naturales de la ciudad. Estos últimos me gustaban más, debo reconocer.

Si asomados a una ventana, veía llover y le preguntaba a mi madre "¿Por qué llueve?", ella posiblemente me decía que porque hacía mucho calor y por ello Dios mandaba la lluvia para que se refrescara todo. Me explicaba la consecuencia producida por alguien llamado Dios, pero yo quería saber la causa. Cuando le hacía la misma pregunta a mi padre, ahí sí, venía la explicación del proceso de ascenso de las masas de aire caliente que, al chocar con las frías, producen condensación y..., ahí si encontraba la causa que había motivado mi pregunta.

En los colegios a los que asistimos mis hermanos y yo, durante los años de educación básica y superior, estudiamos asignaturas tan variadas como las matemáticas, la biología, lenguaje y literatura, formación moral y cívica, geografía, historia, física y química, por solo nombrar las más elementales. Durante ese prolongado proceso de muchos años, no recuerdo algún profesor, sobre todo de ciencias, que me inspirara a analizar los procesos explicados. Todo se convertía en una memorización de fórmulas, tablas matemáticas y nombres de elementos químicos, pasando por el proceso de la fotosíntesis de las plantas y la clasificación de los seres vivos de acuerdo con su orden y especie. Nombres de países, continentes y fechas patrias, con sus heroicas batallas de por medio, completaban la educación a memorizar. Los libros que nuestros padres, con tanto esfuerzo, nos compraban para iniciar cada año escolar – uno por cada asignatura – contenían mucha información al final de ellos que lucía interesante, pero nunca llegábamos a revisarla. El año escolar siempre concluía antes de llegar a ella.

Como casi siempre estudié en colegios católicos privados, por la simple razón de que eran de mejor calidad académica que los liceos públicos, decían mis padres, pues también pasaba a ser materia de estudio obligatoria la religión. Ahí también la memorización era lo importante: los diez mandamientos, el credo, el padre nuestro, el ave María, etc. ¿De dónde salían todos esos datos, nombres y hechos de fe?, no importaba, solo había que recordarlos cuando éramos evaluados.

Mi decisión de vida profesional futura fue la de seguir la carrera militar. Los estudios superiores los llevé a cabo en el Instituto Naval Universitario ubicado en la Meseta de Mamo, en Catia La Mar, Venezuela. Ese Instituto de formación universitaria, mejor conocido como Escuela Naval, complementaba la formación naval-militar que le brindaba a sus alumnos con asignaturas científicas y humanísticas, además de un complemento religioso católico obligatorio. "Dios y Patria" reza el lema de la heráldica del escudo de esa Institución Naval. La fe religiosa y la guerra han estado emparentadas desde tiempos inmemoriales. Una se alimenta de la otra y viceversa. Es por ello por lo que, como en tantas otras instituciones militares en el mundo, sus escudos, insignias o gallardetes, exhiben una fusión de patriotismo y fe religiosa.

En la Escuela Naval se adquiere el conocimiento científico de aquellas áreas del saber relacionadas con la futura profesión. El cielo desde donde nos observa Dios, del cual nos hablaba el capellán de la Escuela Naval, es el mismo cielo plagado de estrellas y planetas del que nos hablaba el profesor de astronomía y navegación estelar, quien nos enseñaba a posicionarnos en la esfera terrestre, o marina en este caso, con la ayuda del sextante, las reglas paralelas, el almanaque náutico, el cronómetro y el compás.

Esa embriagadora mezcolanza de conocimientos científicos, humanísticos y eclesiásticos que habían bombardeado mi mente desde mi infancia hasta mi adultez, me confundía, e incluso, perturbaba a ratos. ¿Cómo compatibilizar el conocimiento científico sin colidir con la fe? y, a la inversa, ¿Cómo mantener la fe en algo que no se ve y no se puede tocar, ni oler, ni sentir, cuando al estudiar las ciencias nos veíamos obligados a comprobar y a verificar evidencias?

Con esa confusión finalizo la educación universitaria, con unos veintidós o veintitrés años y, de repente, me he convertido en un profesional que tendrá que poner en práctica todo aquello aprendido y asimilado por más de quince años de continuos estudios. Así, uno se convierte en un ser, joven aún, que debe empezar a dar respuestas a los que vienen detrás. Nos hemos preparado para ejercer una profesión, en mi caso la señalada; para otros, la que sea que hayan escogido para desempeñarse en su futura vida. En mi caso particular, me he (o me han) convertido en un ser científico, de fe y hasta político. Se supone que, al concluir los estudios universitarios o aquellos de capacitación para cada profesión en particular, ese joven debe afrontar las obligaciones que le impone su trabajo con conocimiento, habilidad y destreza. A los subordinados que dirigiremos en la profesión, trabajadores o empleados, debemos ser capaces de convencerles, motivarles y debatir sus opiniones o argumentos, con propiedad, con pruebas, con hechos verificables o hasta con astucia en algunas ocasiones.

Por ese camino de continuo aprendizaje, de confirmar, de convencerse, de comprobar, podríamos llegar, aparejados con el incremento de la edad y de la experiencia, a asumir posiciones de "poder" e importancia en la sociedad a la que pertenecemos: poder militar, poder político o poder empresarial para cambiar la vida de muchísimas personas. De llegar a esas hipotéticas posiciones de poder, ¿Cómo tomar medidas importantes, inteligentes y acertadas, para influir adecuadamente en las grandes decisiones, sin dejar que la ignorancia o el desconocimiento de los temas relevantes, los propios o los de aquellos que nos asesoran, moldeen las nuestras?

El conocimiento influye en nuestras decisiones, consciente o inconscientemente, es por ello por lo que debemos saber separar el conocimiento factual de las falacias comunes y de la retórica interesada, destrezas estas muy comunes y puestas en práctica cotidianamente por los charlatanes de oficio que tratan de moldear nuestras ideas y pensamientos, especialmente los religiosos y políticos.

Religión y política son, sin duda, los temas más polémicos que rigen las vidas de los seres humanos. Conversar sobre esos temas, puede producir en las personas, empatía, enfados, irritación, desacuerdos y en el peor de los casos hasta violencia. Como lo manifiesta un estudioso del tema, el psicólogo social y profesor de liderazgo ético Jonathan Haidt: "La política y la religión son expresiones de nuestra psicología moral subyacente", esa que ha permitido a los seres humanos crear la civilización actual, a través de la creación de grupos, tribus, feudos y naciones, independientemente de sus relaciones parentales. Todos ellos son entes cooperativos con una agenda social similar, desarrollados para justificar nuestras acciones y para apoyar a los grupos a los que pertenecemos.

Pero el ser humano también es competitivo y rivaliza con miembros del propio grupo o de otros ajenos, lo que genera disputas y conflictos de intereses entre ellos. La selección natural y la competencia entre grupos de una misma especie es lo que ha generado la naturaleza humana. Ya lo decía Charles Darwin al esbozar sus conclusiones sobre la selección natural y la selección grupal de las especies, "Los grupos compactos y cooperativos generalmente prevalecen sobre los grupos de egoístas individualistas".

Es por ello por lo que la religión es una adaptación evolutiva que ha permitido la cohesión de grupos y la creación de comunidades con una moralidad compartida. Así mismo, la gente se afilia a bandos políticos que expresan narrativas morales afines a la suya. Estos grupos, religiosos y políticos, más o menos compactos y cooperativos, poseen cierta fortaleza moral y predominio sobre grupos aislados y poco unidos en su narrativa moral.

Para mantener a esos grupos cohesionados y orientados en una misma dirección, es necesario crear "imaginarios" superiores a los cuales seguir y obedecer. Seres imaginarios que nos "conducen" en una dirección correcta e ideal para la supervivencia del grupo. Es por ello por lo que, esos seres sobrenaturales, deben ser creados, para así, poner orden y encaminar a las masas en una dirección deseada. O, usando palabras de Haidt: "Los grupos crean seres sobrenaturales no para explicar el universo, sino para poner orden en sus sociedades".

Tanto la religión como la política son hechos sociales que se han llenado de dogmas. En otras palabras, las religiones, como las ideologías políticas, son construcciones sociales que han de poder someterse al juicio de la razón y la crítica. El arte de proponer certezas y convertirlas en principios innegables ante el grupo, la tribu, o la comunidad, es lo que hacen los líderes de esas agrupaciones humanas. Es necesario para fomentar la cohesión y el control de las masas humanas. Y mientras mayores son esas masas, más necesario se hace su control. Por ello es por lo que, desde tiempos inmemoriales, las fes religiosas han servido a las ideologías políticas y viceversa.

Les invito a ahondar en ello en las páginas subsiguientes.

CAPÍTULO 2

Tengo fe.

La primera pregunta que debemos hacernos es: ¿Qué es la fe?

De acuerdo con el diccionario de la Real Academia Española de la Lengua la fe es el conjunto de creencias de alguien, de un grupo de personas, o de una religión. También se define como sinónimo de seguridad, cuando se asevera de que algo es cierto por la autoridad de quien lo dice. Así definimos esa palabra hoy en día.

Pero ¿qué responderían a esa misma pregunta ciertos intelectuales griegos de la primera centuria de nuestra Era, como Celso, Lucrecio o Demócrito? Pues ellos afirmaban desde el conocimiento de sus días que "la fe constituía la forma más baja de conocimiento".[1]

Y opinaban aquello porque, para afirmar algo, ello debería demostrarse y probarse. Escribir o afirmar un hecho sin ofrecer pruebas es el método de un idiota, decía Galeno, el médico más renombrado del Imperio Romano en el 163 d.C. Las personas que no forman sus creencias a partir de experimentos u

---

[1] Catherine Nixey, La Edad de la Penumbra, 2019, p.62

observaciones, sino a través de la fe ciega, constituyen el núcleo del "dogmatismo intelectual". Esa presunción de quienes quieren que su doctrina o explicaciones sean tenidas por verdades sin contradicciones. Estos "no quieren dar ni recibir razón de lo que creen, echan mano de los principios", decía Celso.[2]

Cuando se piensa o se actúa movido por la confianza en algún poder supremo que todo lo regula, que todo lo observa y que todo lo puede armonizar movido por la moral y la bondad, se depositan las esperanzas de éxito de algún evento en algo intangible e invisible, ignorando las evidencias que tenemos ante nuestra vista, eso es estar movido por la fe.

Un relato ejemplar de lo que sería actuar por la fe, es el que nos ofrece William Clifford en "La ética de la fe" (1874)[3]. En él, Clifford cuenta la decisión tomada por el armador de un barco que se haría al mar lleno de emigrantes, sabiendo que era un buque viejo, que había sido sometido a múltiples reparaciones a lo largo de sus años de servicio y que adolecía de un deficiente diseño. El armador abrigaba serias dudas sobre las seguras condiciones de navegabilidad de la embarcación y, sabía que su puesta a punto sería muy costosa. Sin embargo, sus melancólicas reflexiones fueron superadas al depositar sus esperanzas en la Providencia, que seguramente no ignoraría la suerte de todas esas pobres personas que solo buscaban un mejor futuro en otras tierras. Sumido en esas creencias, el armador se convenció a sí mismo de que su barco completaría su viaje con fortuna, aliviando así sus evidentes preocupaciones e indecisiones. Dejó zarpar el buque con su corazón aliviado y esperanzado en el futuro éxito de aquellos pobres emigrantes. El armador poco después recibió el dinero del seguro, luego de que su barco se hundiera en medio del océano.

El armador creyó en el buen destino de aquella gente y de su barco, aunque con las evidencias que sus ojos observaron antes del zarpe, no tenía ningún derecho a creer. No había adquirido su fe honestamente, basada en paciente análisis, sino sofocando sus dudas y temores. Su azarosa fe le llevó a

---

[2] Ibid., p.61

[3] Relato tomado de Carl Sagan, "El mundo y sus demonios", 2017, p.244.

cometer un error de juicio, fatal para la vida de muchas personas.

CAPÍTULO 3

Creo en la ciencia.

Opuesto a la fe, el conocimiento científico carece de dogmas. Su intención no es adoctrinar, sino convencer, demostrando con hechos verificables los sucesos y acontecimientos que experimentamos a diario. El método o proceso científico que parte de unos postulados que luego generan hipótesis y, que luego se ponen a prueba mediante la experimentación, nos conduce a la búsqueda de hechos verificados. Ciencia es en esencia la recopilación de un cúmulo de datos, mediciones, cálculos, nutridos de una paciente observación y experimentación. Con ellos se producen hechos. Es un camino arduo, que toma mucho tiempo y esfuerzo.

Convencer a otros de esos hallazgos, en ocasiones se torna difícil debido, en gran medida, a la diferencia en los niveles cognitivos entre quien expone un hecho comprobado y aquel que debe comprenderlo tras serle explicado. "Creer es mucho más sencillo que pensar y consume muy poca energía. Es por ello por lo que las creencias dominan casi siempre a la fuerza de la razón"[4] , nos explica el doctor en biología José María Bermúdez.

---

[4] Bermúdez de Castro, "Dioses y Mendigos", 2021, p.14.

El conocimiento científico acumulado hasta nuestros días es un intento de muchos para tratar de comprender el mundo en que vivimos, de entender lo que sucede a nuestro alrededor y más allá. La ciencia nos conduce a aceptar los hechos como son. Experimentamos y comprobamos, generamos hipótesis y las sometemos a prueba. Es un continuo ejercicio de ensayos y errores, hasta que se consigue el hecho inalterable, la constante que se repite y nos convence de algo.

El método científico es imaginativo, disciplinado y perseverante. Allí radica su éxito. Aunque no siempre nos ofrece respuestas a las infinitas interrogantes que tenemos, es el único sistema que tenemos para comprobar y comprender. Desde que el *Homo sapiens* existe sobre nuestro planeta no ha dejado de experimentar, crear y razonar. Desde su muy remota comprensión de los elementos que lo rodeaban, siempre ha intentado tratar de dominarlos y conocerlos. Conseguir un pedazo de roca y darle forma, tallándola para conseguir cavar, o hacer una especie de cuchillo con ella, era ingenio y ciencia, rudimentaria sí, pero ciencia aplicada sin duda.

El biólogo y antropólogo ingles del siglo XIX Thomas Huxley lo explicaba así: "... cada vez que un salvaje rastrea la caza, emplea una minuciosidad de observación y una precisión de razonamiento inductivo y deductivo que, aplicado a otros asuntos, le darían una reputación de hombre de ciencia..." [5] . Mucho más tarde, civilizaciones ancestrales y de manera independiente unas de otras, han aplicado las mismas técnicas de observación, deducción y experimentación para crear artilugios y métodos innovadores: la civilización china creo la pólvora, la brújula magnética y el sismógrafo. Los aztecas, desarrollaron un calendario más avanzado que el de sus conquistadores europeos y la cultura india tiene en sus matemáticos la invención del cero (0), asunto clave en las ciencias aritméticas. Las civilizaciones griega y romana, cada una en su época de oro, aportó innumerables avances al conocimiento científico que hoy manejamos casi sin darnos cuenta. Y todas estas invenciones ocurren mucho antes de la Era cristiana que ya acumula más de dos mil años.

---

[5] Sagan, op. cit. p.334.

CAPÍTULO 4

¿Nos interesa la verdad?

Existen dos corrientes de pensamiento que se enfrentan por describir nuestro origen. Los creacionistas y los evolucionistas. Los primeros creen con mayor o menor vehemencia que existe un ser superior imaginario que es responsable de la creación de nuestro planeta, de todo lo que en él existe y de todo lo que le circunda. Es un ser supremo que, se cree, domina y controla todas las actividades terrenales y aquellas allende sus límites a pesar de no existir prueba fidedigna y creíble desde el punto de vista científico que lo confirme. Por otro lado, están los evolucionistas, que regidos por un pensamiento de "ver para creer", fundamentan sus creencias en aquello que ha sido demostrado con hechos verosímiles de carácter científico.

Por medio de numerosos descubrimientos científicos ampliamente comprobados por expertos académicos, hoy día ya sabemos que "Todos los átomos del universo, los átomos del Sol y de la Tierra, los átomos de nuestro cuerpo, de nuestro corazón y huesos incluidos, fueron fabricados en el universo, muy lejos de la Tierra. Algunos hacen trece mil ochocientos millones de años – en el *Big Bang*-; otros hacen quizá diez, nueve u ocho mil millones de años"[6]. Somos polvo cósmico, oímos decir, y su razón es esa. También los creacionistas, cuando acuden a los templos, escuchan a los sacerdotes decir: "Polvo eres y en polvo te convertirás", aseveración extraída de las sagradas escrituras, específicamente del libro del Génesis. Ambas corrientes coinciden en el famoso "polvo" de nuestro origen y fin.

La ciencia no pretende llevarle la contraria a las creencias arraigadas en las mentes humanas, solo pretende demostrar si ellas son ciertas o no. Como tampoco pretende encontrar las pruebas que favorecen a nuestros deseos y desechar las que se oponen. Y como creer es más fácil que pensar, "…recibimos como favorable lo que concuerda con nuestro pensamiento y nos resistimos con desagrado a lo que se nos opone", como bien lo expresaba el físico británico Michael Faraday.[7]

¿Por qué es más fácil creer que pensar? La forma más sencilla para convencernos de algo es a través de nuestra propia observación. Si yo estoy viendo una luz amarilla en frente de mí y, alguien a mi lado trata de convencerme de que es roja, simplemente no le voy a creer, porque yo la estoy observando y sé que es amarilla. Pero, si un amigo me dijera que si él conduce su auto a 200 km/h recorrería los 50 kilómetros que me separan de otra ciudad en solo 15 minutos, quizás no le creería hasta que me lo demostrara viajando yo a su lado en el mismo vehículo observando mi reloj de pulsera. Cualquiera que haya estudiado en el colegio física básica, sabría que la formula V= d/t (Velocidad es igual a la distancia recorrida dividida por el tiempo transcurrido) es real y está más que demostrada. Con un simple calculo hubiese sabido que lo que me decía mi amigo del vehículo era cierto, sin tener que verlo por mí mismo viajando esos cincuenta kilómetros en su auto. Haberle creído a mi amigo simplemente hubiese sido más sencillo, pero si quiero estar seguro de ello, o bien viajo con él en el auto y mido el tiempo empleado, o bien pienso un rato, hago el cálculo aritmético y compruebo que lo que me dice es cierto. Lo segundo

---

[6] Maza Sancho, José María. "Somos Polvo de Estrellas", (2020)

[7] Sagan, op. cit. p. 51

me toma más tiempo y esfuerzo.

Hoy en día conocemos de la existencia de leyes inobjetables que rigen nuestra cotidianidad. Leyes matemáticas o leyes físicas como la antes reseñada, que nadie en la actualidad se atreve a refutar. Nosotros, como seres humanos, hemos logrado la difusión del conocimiento en general de manera sostenida y permanente a través de los miles de años de evolución. Aunque todavía en nuestro siglo, existe un elevado nivel poblacional en el mundo que sufre de analfabetismo o de bajísimos niveles escolares, ¿quién pone en duda hoy día que la Tierra es redonda, o que ésta gira alrededor del Sol? Me atrevería a decir que una minoría de los habitantes de nuestro planeta opina en contrario o lo desconoce. Nos lo enseñan en la escuela elemental a todos y, además, nos explican el porqué de ello. No solo eso, es que además lo podemos ver nosotros mismos, gracias precisamente a los adelantos tecnológicos espaciales, desde nuestra televisión o computador personal.

¿Pero eso que es tan elemental para nosotros en el siglo XXI, lo ha sido siempre así? Obviamente que no lo ha sido. Veamos a continuación una síntesis de cómo hemos evolucionado hasta nuestros días.

CAPÍTULO 5

Somos seres grupales.

Si nos remontamos a nuestros ancestros originales del Paleolítico[8], los primeros homínidos existieron desde hace unos dos mil quinientos millones de años y, la especie más similar a los humanos actuales, nosotros, denominada por los paleontólogos *Homo heidelbergensis* que había evolucionado en África desde hace unos ochocientos mil años, de la cual derivaron los *neandertales* y los *sapiens*, de quienes evolucionamos nosotros, es obvio reconocer que más allá de crear unas toscas herramientas que les permitiera cazar para alimentarse y dominar el fuego, no sabían mucho más.

Tendrían que pasar varias decenas de miles de años más, para que los *Sapiens* desplazaran y a la postre acabaran por completo con sus rivales *neandertales* que aun habitaban ciertas regiones del sur y este de Europa. Las ventajas competitivas de los *sapiens* sobre los *neandertales* nos las ilustra bien el doctor en historia Luis Iñigo Fernández:

"... (*los sapiens*) eran menos robustos, pero también más ligeros y rápidos. Su eficiencia biomecánica era mayor, pero su cuerpo consumía menos

---

[8] Etimológicamente significa de "piedra antigua", por las evidencias de la existencia de utensilios líticos.

energía y su rendimiento físico era superior. Practicaban una clara división sexual del trabajo, lo que les aseguraba una mayor supervivencia de su prole, un crecimiento más rápido de su población y una mayor longevidad, que facilitaba los nuevos descubrimientos y su transmisión de padres a hijos. (...) poseían vestimentas mejor elaboradas, (...) contaban con técnicas de caza y de guerra más avanzadas, gracias, sobre todo, a la mayor cohesión de sus grupos y a su capacidad para cooperar con otros."[9]

Basado principalmente en su cohesión grupal y en sus habilidades cooperativas, nuestros más lejanos ancestros, perduraron, crecieron como especie y extinguieron a las especies menos desarrolladas. Descendemos de ellos y, a pesar de los cientos de miles de años que tenemos poblando este planeta, esas cualidades heredadas de ellos, homínidos con mentes grupales, nos han dejado el gen de la unión, de la cooperación y de la superación.

Esos seres primitivos formaron tribus cohesionadas que comenzaron a competir con otras tribus donde, generalmente, las más cohesivas se imponían. La teoría de la selección natural, enunciada mucho tiempo después por Charles Darwin, funcionaba en las tribus de la misma manera que lo hace en cada organismo.

Deducimos que el instinto social adquirido por nuestros antepasados fue adquiriéndose como herramienta de supervivencia. "En la Antigüedad, los solitarios tenían más probabilidades de ser atacados por los depredadores que sus hermanos más gregarios, que sentían la fuerte necesidad de permanecer cerca del grupo", nos explica Haidt.[10]

El hecho de habernos hecho más cooperativos o gregarios, para usar el término de Haidt, es lo que ha permitido que las civilizaciones hayan eclosionado y se hayan multiplicado por todo el planeta.

Esas condiciones psicológico-sociales de los grupos humanos sumados al aprendizaje de técnicas de elaboración de herramientas y el dominio del

---

[9] Iñigo, Historia de los Perdedores, 2022, p.31.

[10] Haidt, La Mente de los Justos, 2019, p. 278

fuego, pudo haber jugado un papel importante en la expansión y consolidación de espacios seguros y mejor protegidos para aquellos grupos humanos de la Prehistoria. El fuego, por ejemplo, les permitió conquistar territorios en latitudes bien elevadas, reduciendo el riesgo de las bajas temperaturas. Ya en el Pleistoceno Superior, grupos humanos habían entrado a lo que hoy conocemos como América, a través de Bering, durante la glaciación de ese periodo. Los paleontólogos predicen, mediante sus hallazgos, que este cruce de continentes pudo haber ocurrido en una ventana de tiempo que data entre hace sesenta mil y unos trece mil años.

Nosotros somos los herederos de una nueva etapa de evolución social y científica de la humanidad que data de unos diez mil a cinco mil años. A esta etapa se la ha denominado Neolítico. A través de una paciente observación, de conocer los ciclos climáticos y del aprovechamiento de semillas y uso del agua, nuestros antepasados se fueron convirtiendo en productores agrícolas y por tal razón más sedentarios. La capacidad inventiva de esa gente derivó en nuevas herramientas para el arado de la tierra, en la invención de la cerámica y de arcaicos molinos de piedra. La necesidad de cobijo para estas gentes ahora más sedentarias impulsó la construcción de viviendas con el uso de piedras y maderas.

Esta revolución neolítica generó inmensos cambios en el devenir de la raza humana. El surgimiento de asentamientos poblacionales más estables y seguros, abastecidos de más y mejor comida, con una incipiente cría de animales productivos, produjo un crecimiento significativo de las poblaciones humanas. Miles y miles de años en ese constante crecimiento, produjo el contacto de diversos grupos humanos, desde Europa hasta Asia, desde el norte de África y la península arábica hacia la India y desde la parte norte de América hacia el sur de ese continente. Los contactos humanos generaron la necesidad de comunicarse entre ellos, propiciando el origen de un sinnúmero de lenguas y estilos de vida, adaptados cada cual al entorno geográfico de sus gentes. Así nos lo explica el doctor en humanidades Juan Zunzunegui: "... el ser humano es el único animal con capacidad de abstracción; esto es, la posibilidad de pensar de manera simbólica, de crear consciente y voluntariamente todo tipo de lenguajes. (...) los humanos creamos con el pensamiento y expresamos lo creado en forma de lenguaje".[11]

Por supuesto, la evolución descrita en el párrafo anterior tomó cientos de miles de años para que ocurriera. No fue un coser y cantar en nuestra vida homínida.

[11] Zunzunegui, "La Revolución Humana", 2022, p.22

CAPÍTULO 6

¿Cómo nos organizamos?

Tras esa eclosión de civilizaciones, con las poblaciones humanas creciendo exponencialmente, interactuando entre ellas y exponiendo sus necesidades de socialización y de innovación cultural, ¿cómo regular, integrar y controlar tan variadas normas de conducta?

"Cuando la cantidad de individuos de una población supera un cierto número, nos encontramos con una serie de comportamientos que podríamos considerar ejemplares o reprochables de acuerdo con nuestra peculiar moralidad", nos aclara el doctor José María Bermúdez.[12]

Eso lo hemos experimentado nosotros mismos con toda seguridad. Desde el momento mismo en que nos mudamos a un nuevo vecindario, por ejemplo, enseguida podemos notar las diferencias de comportamiento y, en ocasiones, de cultura de nuestros vecinos. En lo personal, cuando era un adolescente, vivía con mis padres en una zona residencial de clase media en Caracas, Venezuela. Residíamos en un edificio de trece pisos de altura y de cuatro apartamentos por piso. Sólo en ese edificio convivíamos cincuenta y dos

---

[12] "Dioses y Mendigos", 2021, p.293

familias distintas y, en la misma calle donde se ubicaba nuestro edificio, existen cinco edificios residenciales más de similares características. Unas doscientas sesenta familias reunidas en unos cinco kilómetros cuadrados de superficie, aproximadamente.

También recuerdo que dos de nuestros vecinos en el mismo piso en el que vivíamos, eran de origen venezolano, mis padres eran de origen español y, los otros vecinos, que completaban los cuatro departamentos de nuestro nivel, eran de origen egipcio. Estos últimos eran muy buenas personas y, quizás con los que mis padres más simpatizaron, aunque sin llegar al nivel de visitarse mutuamente o de compartir una amena tarde de tertulia alguna vez. Sin embargo, hicieron muy buena amistad con otros vecinos que vivían dos niveles más abajo, quizás por que compartían el mismo origen hispano. Las normas y costumbres de los demás, los olores expelidos por la comida que cocinaban, especialmente la vecina egipcia, recuerdo que no eran de nuestro total agrado. Nada malo con ella, quizás fuera solo las especias que usaba. Lo cierto es que las maneras y costumbres de unos y otros de nuestros más cercanos cohabitantes, no eran tan afines a los de mis padres.

Pues lo mismo ocurre en nuestro mundo. En esa pequeña muestra experimental que acabo de señalar, podríamos llamarla así, resulta que podría ser representativa de las variedades morales y conductuales de un grupo, pudiendo ser proyectadas a una muestra mayor, representada por todos los habitantes de los trece pisos de nuestro edificio o, aún más, a todos los vecinos de esa singular calle de nuestra parcela. Y así podríamos seguir incrementando el estudio de sociabilidad, expandiendo nuestras fronteras de vecinos en círculos expansivos.

Pues así, desde el periodo Neolítico hasta nuestros días, el asentamiento, crecimiento y expansión de la humanidad a través de otros territorios, bien sea dentro de un mismo continente o allende esas fronteras, ha incrementado significativamente la comunicación y la socialización de nuestras invenciones, costumbres, creencias y ritos cotidianos.

Ahora, ¿cómo organizar y controlar tan variados recursos y diversas normas de conducta en un mundo en acelerada expansión y crecimiento?

Cada vez que un grupo humano se asienta en un territorio y se ve forzado a convivir con otros seres humanos, se comienzan a generar amistades, rivalidades, cooperaciones y competencias entre estos. Para lidiar con las diferencias que surjan, se requiere ejercer métodos de control, vigilancia y coerción. También habilidades para conciliar, armonizar y mediar.

Desde la remota antigüedad, los jefes de tribus por sí solos, en ocasiones, no se daban abasto para poner orden en sus comunidades y se hacían del apoyo de otros machos para poner orden en sus dominios. La autoridad en esos tiempos tan remotos era moral. Los más jóvenes la obtenían demostrando su energía y destrezas en los tiempos de caza, los ancianos con su sabiduría y, algunos otros más perspicaces, presumiendo de un conocimiento innato de las incontrolables fuerzas de la naturaleza.

Era una forma de gobierno incipiente que se ejercía a veces con mano dura y otras veces con la participación del convencimiento y la persuasión. Si de interactuar con otros grupos vecinos se trataba, se ponían en juego destrezas similares con el fin de imponer métodos adecuados y normas de conducta aceptables para todos.

Pero claro que esas interacciones entre gentes de un mismo grupo, como entre colectivos de diferentes grupos, no siempre se desarrollaban con normalidad ni facilidad. "Las alianzas sociales y las rivalidades políticas eran asuntos a largo plazo. A menudo se tardaba años en devolver un favor o vengar un agravio"[13].

Las malas cosechas, en ocasiones, causaban carestías que producían hambre, descontento y desacuerdos comerciales por incumplimiento de cuotas. Aquellos que controlaban las cuotas de distribución de productos, también querían diferenciarse socialmente del resto de los integrantes de su misma sociedad, monopolizando su favorable distribución y comercialización. Proteger sus intereses requería de métodos coercitivos, como contratar protección privada o incluso, conformar grupos armados y entrenados para satisfacer a su patrón. La seguridad y protección del jefe comenzaron a ser procedimientos habituales, y continúa siéndolo en la actualidad.

---

[13] Yuval N. Harari, "De Animales a Dioses", 2017, p.119

Controlar, dominar y vencer la voluntad del contrario, requirió de innovadores métodos de coacción. Surgieron los grupos de dominio armados, caldo de cultivo de las modernas policías y fuerzas armadas. Cuando algún ser humano desea prevalecer o imponer su voluntad sobre la de otros, o usa la razón o usa la fuerza.

Las relaciones de control horizontal, basadas en el parentesco, propias de las sociedades neolíticas, fue un proceso de millones de años de evolución y expansión humana, que pasaron a convertirse en relaciones de control vertical, de jerarquía y de clases sociales. La desigualdad avanzaba a medida que nos expandíamos y crecíamos como grupos humanos. Nacería el gobierno y con él **la política**.

Pero, como no solo con el garrote se puede someter a los disidentes y rebeldes, además de que resultaba costoso el mantenimiento de grupos armados, fieles y leales a los intereses de los poderosos; se hacía necesario encontrar métodos más eficaces y menos onerosos de control y coacción: propiciar la fe en lo mítico: **la religión.**

CAPÍTULO 7

Poder y Adoración.

Los restos arqueológicos y los hallazgos pictóricos encontrados en cuevas, cavernas y tumbas, como evidencias de la más remota antigüedad humana ilustran la conexión y la valoración de nuestros ancestros por la simbología ilustrativa de sus miedos y temores, devociones y sacrificios.

Esa capacidad de abstracción que poseemos los seres humanos, a la que nos referíamos más arriba, la posibilidad de pensar de manera simbólica, de pensar en cosas que imaginamos, de crear ilusiones y transmitirlas a los demás mediante la palabra oral o escrita, nos ha permitido elaborar símbolos con los que nos identificamos. Somos seres creadores de realidades que imaginamos en nuestras mentes y las sintetizamos en símbolos.

Descubrimientos arqueológicos de hace más de 3.000 años en Egipto y en algunas otras áreas pobladas de Asia y costas del Mediterráneo, nos muestran objetos, reliquias y muestras pictóricas que expresan rituales sagrados e ilustran una simbología que ensalza a los "jefes o seres superiores". Las tumbas encontradas pergeñan adornos, símbolos y otra cantidad de iconos que parecen transmitir mensajes que los muertos desean transmitir a los vivos. Esa capacidad de guardar información sea de forma pictórica o mediante figuras talladas, de compartir conocimientos dejando retratos de lo que nos imaginamos o vemos, compartiéndolos con los demás, es lo que nos ha hecho humanos.

Además de esas muestras, también se encuentran: escenas de luchas, figuras de enemigos aplastados por la maza del jefe, animales sacrificados y, surgen también símbolos de poder y mando, como coronas, arcos, flechas y cetros. Símbolos de divinización, admiración y respeto a seres superiores, se hacen cada vez más comunes y generalizados. Pareciera que nuestros ancestros más remotos quisieran dejar constancia de que ellos estuvieron allí, en esas cuevas y cavernas, teniendo la conciencia de que algún día ellos dejarían de existir y otros ocuparían sus lugares. Hoy día sabemos, por los hallazgos arqueológicos encontrados que, desde hace más de sesenta mil años, los humanos ya enterraban a sus muertos y les ofrendaban regalos.

"El ritual de la muerte es realmente un misterio de la mente. (...). Y cuando existen creencias en el «más allá» se establecen unas relaciones diferentes entre los finados y sus seres queridos, que se quedan por un tiempo en la parte terrenal del mundo imaginado"[14], nos explica Bermúdez de Castro. Las sepulturas habituales de la época, halladas en Egipto, "revelan ajuares y mensajes estereotipados, incapaces de narrar la historia personal del difunto, condenado al anonimato frente a unas elites que monopolizan el relato en esta vida y en la otra".[15]

Pero creer y temer a un ser divino y poderoso, exige una narrativa. No se crea de la nada. Recordemos que los humanos hemos evolucionado durante millones de años conviviendo en pequeños grupos de decenas o centenas de seres. El tiempo que separa esa revolución agrícola de siembra y cría de animales, generadora de asentamientos humanos sedentarios de la que hablábamos en el capítulo 4, de la Era de las ciudades y reinos, aunque de varios miles de años, no fue suficiente en la escala evolutiva humana para generar en los genes de nuestros remotos antepasados un noble instinto de cooperación colectivo.

Los relatos mitológicos inventados por los líderes de esos grupos, la

---

[14] "Dioses y Mendigos", 2021, p.315

[15] Iñigo, op cit., pág. 47

realidad transmitida a través de ciertos símbolos, la creación de tótems tribales y la creencia en espíritus ancestrales crearon la argamasa necesaria para lograr que unos pocos cientos de habitantes de territorios cercanos unieran esfuerzos para acometer algunas tareas comunes y convenientes para todos ellos. Y, a pesar del pasar de los milenios y el consiguiente crecimiento poblacional, el tema mitológico continuaba funcionando como factor aglutinante y cooperativo en las sociedades posteriores a la revolución agrícola. El efecto de los mitos sobre nosotros los humanos, hasta el día de hoy, en pleno siglo XXI, es asombroso.

Veamos como lo describe el historiador Yuval Harari, *in extenso*:

"Aconteció que los mitos son más fuertes de lo que nadie podía haber imaginado. Cuando la revolución agrícola abrió oportunidades para la creación de ciudades atestadas e imperios poderosos, la gente inventó relatos acerca de grandes dioses, patrias y sociedades anónimas para proporcionar los vínculos sociales necesarios. Aunque la evolución humana seguía arrastrándose a su paso usual de caracol, la imaginación humana construía asombrosas redes de cooperación en masa, distintas a cualesquiera otras que se hubieran visto en la Tierra".[16]

Una pequeña reseña ilustrativa del exponencial crecimiento poblacional de la Época Antigua luciría así: Alrededor del 8.400 A.E.C, Jericó, en la actual Palestina (West Bank o Cisjordania), conocida como la población más antigua del mundo, concentraba unos pocos cientos de personas; mil años más tarde en la península de Anatolia (actual Turquía) existían asentamientos de unos 9.000 habitantes, y para el 3.000 A.E.C. en el Nilo inferior un reino de cientos de miles de habitantes ya era regido por un Faraón egipcio. En esa multitud humana se afianzaron las desigualdades entre sus gentes, algunos afortunados y habilidosos incrementaban sus ganancias a costa de los más débiles y, para controlar las desavenencias, nacerían los Faraones. Había nacido el Estado: «Poder y adoración». El Faraón, una suerte de Rey, temido y respetado como un dios, gobierna a su antojo, auxiliado por un enjambre de funcionarios escogidos por él y para complacerle a él. Hacia el 220-230 A.E.C.

---

[16] Harari, op. cit. pág.122.

en China, ya reinaba la dinastía Qin que recaudaba impuestos a unos cuarenta millones de súbditos y, un poco más tarde, Roma se expandía por el Mediterráneo llegando a controlar y nutrirse monetariamente de unos cien millones de sus gobernados. Ese dinero pagaba una amplia burocracia de funcionarios y soldados que respondían al "jefe", llámase Faraón, César o Rey.

Pero no caigamos en engaño. Esas complejas "redes de cooperación" creadas para organizar y controlar a las masas, que se habían tejido desde nuestros orígenes más remotos, no han sido siempre muy altruistas ni igualitarias. Los campesinos pagaban con el trabajo de sus tierras a los recaudadores del Emperador o del Faraón. Los anfiteatros y caminos que unían los confines de los dominios de éste eran construidos por pobladores esclavizados y explotados por los funcionarios imperiales. Incluso, como dice el profesor Yuval Harari: "Las prisiones y los campos de concentración son redes de cooperación, y pueden funcionar únicamente porque miles de extraños consiguen coordinar de alguna manera sus acciones".[17]

Redes de cooperación que se han creado a través de miles de años, desde que nos hicimos sedentarios tras la revolución agrícola, cuando comenzaron a surgir los líderes de esas agrupaciones humanas y crearon sus símbolos de poder (tótems, efigies, coronas y banderas). Luego vendría el miedo.

---

[17] Ibid. págs. 123-124.

CAPÍTULO 8

Orden imaginado.

Como hemos ya explicado, al frente de cada Reino, Estado o Imperio, existía una figura tenida por ser supremo, que todo lo controlaba, todo lo decidía y todo lo deseaba, auxiliado por su ejército personal de funcionarios, integrado por familiares, amigos de confianza y también aduladores de turno. Cada palabra que sale de la boca del Rey o Faraón se cumple según su deseo, se convierte en ley y como tal, el funcionariado a su servicio, la hace cumplir.

De esos funcionarios de la Corte, los más importantes eran los escribanos. Como era natural, en aquellos remotos años con anterioridad a la Era cristiana, el dominio de la escritura era un privilegio exclusivo de una minoría, dado los bajísimos niveles educativos de entonces. Ellos se formaban dentro de las rígidas normas reales, y se les otorgaba el prestigio que requerían para transmitir las órdenes y deseos del divino gobernante de turno. Eran ellos quienes controlaban el territorio, el tránsito de mercancías y personas a través de él, supervisaban la efectiva colaboración de los súbditos y el apego a los deseos del supremo rey. Registrar, controlar y recaudar eran las ocupaciones del funcionariado y una de las mayores preocupaciones del Faraón, César o Rey, además de las pretensiones de sus potenciales enemigos. La acumulación de los recursos materiales producidos en el reino, la recaudación de impuestos y la expansión y engrandecimiento de los dominios reales era la esencia de la vida cotidiana en cada territorio. El efecto sobre la vida o bienestar de los expoliados súbditos, no eran temas de preocupación del jerarca.

Y entonces, nos preguntamos: ¿Por qué esa gente aguantaba aquel caprichoso mandato real?, ¿qué los hacia obedecer y amoldarse a los designios de alguien tan distinto y distante?

La respuesta: "Ordenes imaginados", lo llama Harari; "Una visión del mundo, de la ideología de una monarquía asentada sobre las creencias compartidas de todo un pueblo. El faraón era un dios.", lo explica el doctor en historia Iñigo Fernández. Las normas sociales de entonces no se basaban en relaciones personales (relaciones de control horizontal), sino en la creencia en mitos compartidos (relaciones de control vertical).

Interesante resulta aclarar un poco más a qué llama el profesor Harari "Ordenes imaginados". Parafraseando su amplio razonamiento, nos explica que: Los gobernantes o líderes de grandes grupos humanos siempre han tratado de mantener el orden y lealtad de sus súbditos a través de la elaboración de edictos y leyes rectoras que brinden principios universales y eternos de justicia social a sus gobernados. Pone como ejemplo el Código de Hammurabi, creado c. 1776 A.E.C. por el rey babilonio homónimo, quien reinara en esa época sobre la mayor parte de Mesopotamia (actual Irak) y partes de lo que hoy conocemos como Siria e Irán, el cual compila una serie extensa de leyes y dictámenes judiciales que buscan el objetivo de conformar un sistema legal uniforme que rija en todo su imperio, buscando mostrarse como un Rey modelo que imparte justicia a todos sus gobernados. El código de Hammurabi fue copiado infinidad de veces y usado hasta mucho después de la desaparición física del monarca inspirador del canónico texto legal.

Por supuesto, al inicio de su Código, el rey indica que su escrito es producto del designio de las deidades del panteón mesopotámico, los dioses Anu, Enlil y Marduk, quienes le designaron «para que la justicia prevaleciera en la tierra, para abolir a los inicuos y a los malos, para impedir que los fuertes oprimieran a los débiles». El texto legal lo concluye con la siguiente sentencia: «Estas son las justas decisiones que Hammurabi, el hábil rey, ha establecido, y por las que ha dirigido la tierra a lo largo de la ruta de la verdad y del camino correcto de la vida. [...] Soy Hammurabi, noble rey. No he sido descuidado ni negligente hacia la humanidad, cuyo cuidado me concedió el dios Enlil, y cuyo pastoreo me encargó el dios Marduk.»[18]

Como vemos, el código mencionado se basa en principios universales y eternos de justicia dictados por los dioses. Los dioses me han inspirado u ordenado a dictarles estas normas, se consagra el monarca ungido por seres superiores. Vemos que la escala jerárquica es importante y por ello es acentuada. Las relaciones de control vertical que mencionábamos antes. El "orden imaginado" es entonces aquel que, aunque no es objetivamente cierto, sirve para los intereses de alguien haciendo que cooperemos de manera efectiva cuando creemos en él.

Dada la ignorancia general reinante -recordemos que los niveles de instrucción y educación de las poblaciones en general eran muy escasos en esos días-, el orden instituido funcionaba más o menos así: Los campesinos, artesanos y pueblo en general trabajaba arduamente para mantener al Rey, Faraón o Emperador, mientras éste dirigía los ritos, proveyendo a los dioses todas las ofrendas que aquellos "exigían". En agradecimiento, los dioses proveían lo necesario para que las tierras se mantuvieran fértiles, lluvia, por ejemplo. Los campesinos agradecidos, seguían cultivando sus tierras agradeciendo a los dioses su bondad infinita, cotizaban sus obligadas cuotas de producción al Líder a través de sus funcionarios reales, estos mantenían las arcas llenas para beneplácito del jefe, y todos felices.

En apariencia no había explotación. Era un intercambio justo y recíproco que mantenía el orden natural y la armonía celestial. Sin ciencia al alcance de las masas, dueños de una arcaica tecnología, al hombre no le quedaba más remedio que encomendarse a la magia y a la religión. La fe afirmaba la fuerza de grupo ante un desconocido mundo que solo le generaba temores. Esa humanidad de miles de años de antigüedad comenzó a imaginarse un mundo espiritual a la sombra del mundo real. "Un universo mágico, poblado de seres fantasmagóricos que habitaban en cada árbol, en cada fuente, en cada animal y cada planta"[19], nos explica el doctor en historia Iñigo Fernández.

---

[18] Op.cit, pág. 125

[19] Fernández, Breve Historia del Mundo, 2015, p. 48.

CAPÍTULO 9

Siervos del dios.

La verdad era que ese equilibrio entre el orden natural y la armonía celestial no era sólido ni garantizado por siempre. Era frágil y movedizo. Las desigualdades entre los dirigentes y los súbditos se acrecentaban a medida que las poblaciones crecían y los recursos no alcanzaban. Cuando las lluvias celestiales escaseaban se arruinaban las cosechas o, cuando los enemigos foráneos invadían y ocupaban territorios del reino, los siervos sufrían las consecuencias.

La lucha por la subsistencia acaparaba la mayor parte de la cotidianidad de las gentes humildes, que representaban la mayoría de las poblaciones de cualquiera de los reinos existentes miles de años antes de la Era cristiana. Esa pobre gente, que de buena fe creían en las bondades del orden cósmico representado en el Faraón, Rey o César de turno, no eran conscientes de que eran ellos en realidad quienes lo sostenían con mucho esfuerzo y en respuesta recibían un precario beneficio.

Esas manifiestas desigualdades, padecimientos y sufrimientos de los más necesitados en cada reino, iban generando obvias desavenencias, insubordinaciones y revueltas contra el "orden imaginado". Para controlar aquellas manifestaciones contrarias al orden, entraría en juego la coerción y la fuerza. Los incipientes ejércitos, fuerzas del orden y tribunales de justicia del monarca, actuaban bajo las directrices de éste para mantener el orden y la estabilidad del gobernante ungido por los dioses. Sin embargo, se trataba de que la coerción fuese usada como un último recurso. Ningún régimen de gobierno se puede mantener exclusivamente a base de fuerza. Hay que trabajar en la psique del pueblo, es más efectivo y menos oneroso. Se necesita crear verdaderos creyentes del "orden imaginado". Verdaderos siervos leales al dios que ha ungido al gobernante de turno como protector y guía de sus destinos. Había que generar miedo.

¿Cómo infiltramos la psique del pueblo?, ¿cómo convencerles de hacer esto o aquello, favorable a los intereses de los gobernantes, por supuesto, sin tener que invertir tanto en fuerzas del orden y coerción? ¿cómo hacer para que también esas fuerzas del orden, ejércitos y milicias acepten de buena forma que castigar al pueblo llano, obedeciendo al ser supremo, es justo y conveniente? Pues potenciando ese "orden imaginado" del que venimos hablando. Hay que darle credibilidad, hay que hacer que la gente común lo sienta cercano y poderoso. Que le temamos. ¿Cómo lograrlo?

Pues todo empieza como hacemos nosotros con nuestros pequeños hijos, y como siempre lo han hecho nuestros predecesores con los suyos. A través de la ilusión que generamos en sus mentes inocentes. ¿Acaso no disfrutamos todos de esas sonrisas que ellos esbozan en sus caras con la inocente espera de recibir regalos en ciertas fechas de un ser invisible y mágico que les premiará si se portan bien y hacen sus deberes? Nosotros los adultos les inculcamos unas creencias mágicas de las que disfrutamos, al sentir la felicidad que en ellos genera.

Así mismo. Generando esas u otras ilusiones que puedan controlar las tentaciones, la codicia, la ira, la soberbia o cualquier otro comportamiento impropio que colida con ciertos códigos morales o de comportamiento de cualquier grupo humano que conviva con otros semejantes. Esos códigos de conducta están en nuestro ADN, se han hecho práctica común ya que nuestros cerebros han generado tales interconexiones desde la misma Prehistoria. Desde los Neandertales hasta nuestros días, la evolución del cerebro ha sido constante y permanente, y esas convicciones mágicas persisten en él.

Dejemos que nos lo explique alguien experto en la materia, admitiendo que yo no lo soy. El catedrático de la universidad de Cornell, Carl Sagan nos dice: "... todo ser vivo sobre la Tierra, tiene una información genética codificada en sus ácidos nucleicos y emplea fundamentalmente el mismo código para ejecutar las instrucciones hereditarias".[20] Por su parte, el doctor en biología José Bermúdez de Castro, ya citado anteriormente, nos dice: "El aprendizaje es una consecuencia del funcionamiento de la red neuronal. La información que llega desde el exterior puede ser incorporada a la química de las células para quedarse en forma de memoria."[21]

Existe muchísima información científica adicional que explica el fenómeno recién descrito, que profundiza en el sistema cerebral -conductual de los seres humanos y de su evolución desde el Paleolítico hasta el presente. Profundizar en ello no es el objeto del presente libro, pero invito al amable lector a consultar las obras citadas, si está interesado en ello. Conocernos ayuda enormemente a comprender mejor el mundo que habitamos.

Como hemos visto, la mente humana ha evolucionado y se ha adaptado a las circunstancias que nos han tocado vivir, haciéndonos seres cooperativos, competitivos, creativos, dependientes, audaces, temerosos y llenos de tantas virtudes y defectos como neuronas tiene nuestro cerebro. En ese mar de variedades que marca nuestra complejidad como humanos, surgen siempre los seres que lideran a los grupos humanos: los líderes que nacen para dirigir a las masas humanas, para bien o para mal. Estos tendrán que crear sus herramientas o métodos de control que les permita dirigir grupos humanos cada vez mayores. Crear un "orden imaginado", ayuda.

---

[20] Sagan, op. cit. pág. 299

[21] Bermúdez, op. cit. pág. 195

CAPÍTULO 10

El temor a las cosas invisibles.

En las sociedades antiguas, como ya hemos dicho, eran las tradiciones, antes que las leyes, las que regían las vidas cotidianas de la gente, que poco podían saber de los escritos y descubrimientos científicos, ya que el nivel educativo estaba muy limitado a un ínfimo segmento de la población. Era más fácil creer que pensar, como ya explicamos. La fe, antes que la razón, regía sus actos.

Las tradiciones de entonces y, aunque en menor medida las de ahora también, mantenían que los dioses velaban por nosotros y eran quienes guiaban nuestros destinos. Cuando se juntan la falta de conocimientos o la ignorancia de los hechos -que viene siendo lo mismo-, con la autoindulgencia y la falta de pensamiento crítico, confundiendo las esperanzas con los hechos, caemos inexorablemente en la superstición y en la ciega fe.

Precisamente era ese el mecanismo utilizado por los líderes de cada reino para gobernar y controlar a las incultas masas humanas de entonces en sus extensos territorios. Así nacía la religión, como mecanismo unificador de las sociedades humanas, junto a los imperios y al dinero. Tres elementos bien imbricados que, articulados eficientemente, pasarían a ser las herramientas de gestión y control de la civilización humana en lo sucesivo. El papel de la religión en esa triada de gobierno ha sido precisamente la de conferir legitimidad a las otras dos, aún frágiles estructuras de control: el imperio y el dinero.

En realidad, deberíamos hablar en plural, las religiones. La extensión territorial de aquellos vastos imperios y muchos otros asentamientos humanos a lo largo y ancho de la Tierra, precisaban de los mismos sistemas de normas y valores basados en las creencias en seres sobrehumanos, llenos de misterio y poder omnímodo. Hace muchos miles de años, como ya hemos explicado en capítulos anteriores, los grandes asentamientos humanos existentes en lo que hoy conocemos como África, América, o Asia, o Europa, que aún no se mezclaban entre sí, ya poseían sus propias religiones. Esos remotos asentamientos humanos, al hacer contacto con los de otras regiones o continentes, cientos o miles de años más tarde, se darían cuenta de que muchas de las leyes que ya regían a esos seres recién "descubiertos" no provenían del capricho humano de sus jefes, sino que obedecían a las órdenes de una autoridad suprema, invisible e inalcanzable. La creencia en un orden sobrehumano e imaginado regía los destinos de ambos grupos humanos, el de los que estaban allí y el de los que llegaban.

Los primeros dioses de los que tenemos conocimiento eran divinidades que surgían como mediadores entre la gente común y la naturaleza. Plantas y animales eran requeridos -y todavía lo son- para alimentar a los humanos. Miles de años antes de nuestra Era, no existían los conocimientos de ganadería o de agricultura de nuestros días. ¿Como hacían las gentes de ese entonces para conservar y expandir sus rebaños de corderos u ovejas propiciando su sana fecundidad, o mantener sus plantaciones de trigo alejadas de epidemias? Las divinidades imaginadas, como la diosa de la fecundidad, el dios de las lluvias o el dios del fuego, solucionaban el problema. Los dioses imaginados pasaron a ser los mediadores entre los seres humanos y los animales y las plantas. Siempre surgía un exégeta que interpretaba las señales divinas y exponía que el sacrificio de ciertos animales o las ofrendas vinícolas a los poderes divinos eran necesarios para conseguir buenas cosechas y sanos rebaños.

En algunas culturas se dio el trato animista que concedía atributos de divinidad a rocas, ríos o cuevas. Las posibilidades de divinizar eran infinitas. En territorios pequeños, habitados por reducidas comunidades humanas, sus necesidades podían ser satisfechas por divinidades locales. Pero una vez que las conexiones humanas se expandieron y los pequeños territorios se anexaban a mayores imperios, la gente comenzó a buscar y a asimilar entidades enigmáticas de mayor poder y autoridad. El politeísmo se expandía y se hacía cotidiano. El mundo conocido y todo lo que sus pobladores desconocían, les hacía creer que los destinos de sus vidas y esperanzas eran regidos por poderosas fuerzas divinas: la diosa de la fertilidad, el dios del fuego y el de la guerra eran sus deidades. En la psique humana de aquellas gentes se marcaría firmemente las creencias de que, ofreciendo devoción y ciertos sacrificios a los dioses, ellos retribuirían su lealtad con lluvia, salud y victorias en las batallas.

CAPÍTULO 11

Dioses para todos los gustos.

Como ya señalamos, los dioses o divinidades imaginadas que cada población o grupo humano desde la más remota antigüedad veneraban, existían porque ofrecían una solución a sus problemas cotidianos. El dios de la lluvia se ocupaba de esa necesidad, el de la fertilidad, hacía lo relativo a la fecundidad y, de esa forma, a cada necesidad importante en la vida de la gente, se le creaba una divinidad imaginaria que ofrecía soluciones a cambio de ofrendas y devociones. Urgía pues, apaciguar a los dioses y ganarse sus favores para satisfacer las esenciales demandas. Así surgirían los primeros especialistas en ritos y religión, llámense chamanes o sacerdotes.

Del animismo[22] muy focalizado en pequeñas poblaciones, se pasó al politeísmo, cuando las poblaciones crecieron y se expandieron, encontrándose con otros grupos humanos que adoraban a sus propios espíritus, árboles o montañas sagrados. Mientras que el animismo se fundamentaba en el poder de la naturaleza misma, siendo el ser humano un componente más de ella, el politeísmo se centraba más en la relación entre los humanos y los dioses. Sin embargo, las corrientes politeístas no descartaban la existencia de un único

---

[22] Creencia que atribuye vida anímica a todos los seres. (D.R.A.E.)

poder superior rector de los destinos terrenales. El creer en un ser supremo que estaba por encima de los demás dioses, hadas y manantiales de agua sagrada, no estaba reñido con sus creencias.

En el politeísmo clásico griego, los dioses Zeus y Apolo, se sometían a un ser superior: el Destino (representado por tres diosas Moiras), el politeísmo nórdico tenía su similar tríada de diosas llamadas Nornas o las llamadas Laimas en la mitología báltica. El politeísmo hindú tiene a Brahma como supremo rector del universo y del resto de sus dioses, compartiendo su autoridad con las diosas Vishnu y Shiva, triada de deidades denominada Trimurti en esa cultura; y los yorubas de África denominan a su dios supremo Olorun u Olodumare que mantiene la supremacía sobre el resto de los dioses. Básicamente, las religiones politeístas, tienen un dios supremo que rige el mundo y no se ocupa de las necesidades mundanas de los seres humanos, para esas cosas, están los otros dioses subordinados al supremo.

El politeísmo vendría a ser un tipo de fe bastante liberal y tolerante. Un poder supremo y desinteresado por los asuntos menores de sus seguidores y varios poderes subalternos dedicados a satisfacer las necesidades comunes de la gente. Su premisa es "Los dioses velan por nosotros y guían nuestros destinos". La gente se siente mejor creyendo en ellos, aunque sean invisibles.

El politeísmo se convertiría en un rasgo común de toda civilización a lo largo y ancho de nuestro planeta. En el imperio azteca, en América, en pleno siglo XVI de la Era cristiana, los conquistadores españoles fueron testigos del politeísmo de esas personas. Los mexicas adoraban a varios dioses. Tezcatlipoca, Tláloc y Quetzalcóatl, eran solo tres de los más importantes. Lo mismo ocurrió cuando la civilización maya, expandida por lo que hoy conocemos como Centroamérica, fue descubierta por los hispanos. En ese imperio, "la diosa serpiente Kukulcán se manifestaba para renovar su alianza civilizadora con el pueblo y asegurarle la sucesión de las estaciones agrícolas, de las que dependían las cosechas.", nos instruye el doctor Juan Eslava Galán.[23] La diosa Kukulcán maya era la equivalente al Quetzalcóatl de los mexicas.

---

[23] Galán, "La Conquista de América contada para Escépticos", p. 299

Otro rasgo característico de aquellas culturas politeístas era que, aunque sus gobernantes conquistaran nuevos territorios y sometieran a sus pobladores, no imperaba la intención de convertir a los nuevos súbditos en creyentes exclusivos de sus dioses. Solo esperaban de los pueblos conquistados el debido respeto a sus dioses, tolerando que aquellos continuaran rindiendo culto a sus antiguas deidades locales.

Como vemos, el origen de los dioses proviene de una gran variedad de versiones o revelaciones, fundamentada en tradiciones locales que se expandieron y modificaron con el pasar de los siglos entre tantas gentes y culturas tan diversas. Las religiones son un progresismo que inicia en el totemismo de las tribus más remotas en tiempo y espacio, pasando por el animismo enfocado en el poder de la naturaleza, al politeísmo de romanos, griegos, escandinavos y mesoamericanos quienes adoraban a tantos dioses como necesidades tuvieran, hasta llegar a los monoteísmos que revisaremos más adelante.

CAPÍTULO 12

La espada de Damocles.

Con tanta diversidad de creencias, ritos y deidades a quienes ofrecer y pedir a cambio, las lealtades y voluntades se dispersaban demasiado. Sistematizar las creencias se convertiría en una necesidad, sobre todo en aquellos imperios que crecían cada vez más, haciéndolos difíciles de controlar y administrar. Surgió la necesidad de unificar creencias y fe en alguna figura omnímoda, poderosa y ubicua al mismo tiempo. En esos remotos siglos anteriores a nuestra Era, cuando las poblaciones esparcidas por nuestro planeta se dedicaban exclusivamente al arduo trabajo que les permitiera sobrevivir, donde imperaba un nivel cognitivo muy elemental, limitado a conocer los detalles de las faenas a las que se dedicaban cotidianamente y poco más, siendo aquellas gentes tan ignorantes de muchas cosas, tan necesitadas y tan dependientes de los designios de reyes, emperadores o faraones; esas masas humanas conformaban el caldo de cultivo perfecto para ser adoctrinadas y convencidas de casi cualquier cosa, en beneficio de alguien más, con mayor inteligencia y sagacidad.

Los sacerdotes, erigidos como los servidores más cercanos al dios de turno, conservaban la autoridad divina en beneficio de la autoridad terrenal, bien sea faraón o bien un rey. Quien se resistiera a dicha autoridad era obligado a obedecer, pues para ello contaban con los soldados del monarca, quienes forzaban a los díscolos a someterse a la voluntad del dios, que solo los sacerdotes sabían interpretar. Bajo esa realidad surgirían las religiones monoteístas.

De hecho, la primera religión monoteísta que se conozca nace en Egipto alrededor del 1.350 antes de nuestra Era. El faraón Akenatón dispuso que el dios Atón, del panteón de dioses que integraban esa cultura, representaba el poder supremo que gobernaba el universo. "Akenatón institucionalizó el culto de Atón como religión de Estado, e intentó detener el culto a todos los demás dioses"[24]. No obstante, dicha imposición real, no perduró. Tras su muerte, el culto de los egipcios volvió al culto politeísta del panteón.

Muchos años más tarde, hacia el siglo V a.E.C. (entre el 500 y el 400 antes de la Era Cristiana), no se conoce con exactitud su aparición dada la escasez de registros históricos fiables, surge la religión monoteísta más antigua que perdura hasta nuestros días: el judaísmo o religión mosaica, de la cual derivan los otros dos grandes monoteísmos: el cristianismo, fundado por Pablo de Tarso a mediados del siglo I de nuestra Era, como una secta menos exclusiva que su predecesora judaica y, muchas centurias más tarde en el siglo VII de nuestra Era, se origina el islamismo de la mano de Mahoma y sus seguidores. A estas tres religiones también se les denomina en la actualidad religiones Abrahámicas. Se denominan así ya que, a él, Abraham, se le reconoce como el fundador del judaísmo, semilla de los otros dos principales monoteísmos.

Antes de intentar desentrañar los detalles de cada una de estas religiones de origen común, diremos que las tres comparten, en mayor o menor medida, la creencia en agentes sobrenaturales: santos, vírgenes, espíritus, mártires, etc., teniendo como denominador común el hecho de hacer creer a sus devotos seguidores que siempre están siendo "espiados" por esos agentes excepcionales. Hacer creer a los seguidores de las religiones que en todo momento están siendo vigilados, observados, escuchados y hasta sus pensamientos escrutados, es el arma de disuasión de la que gozan esas creencias. Todas ellas inculcan a sus seguidores que, apartarse de la línea de conducta, devoción y fe, tiene consecuencias para ellos.

---

[24] Harari, op. cit. p. 242.

No se trata exclusivamente de hacer creer a la gente sobre la existencia de "algo" supremo y divino que permanentemente les observa. Para mantenerles creyendo, tendrían que hacerles temer de unas terribles consecuencias en caso de desviarse de su fe en ese misterioso ser superior. "La sanción religiosa surge como un útil instrumento para perpetuar la sumisión de las masas"[25].

Apartarse de las enseñanzas o de las directrices de dios, o sobrepasar ciertos límites morales por él impuestos, genera consecuencias graves, terribles castigos, durante esta vida e incluso tras la muerte. En alguna de ellas, el castigo por salir del sendero moral en esta vida será más sanguinario e infinito en la otra "vida", la que viene después de muertos.

Las religiones monoteístas establecen en sus respectivos "manuales de instrucción" o libros sagrados - el Torá (judaísmo), la Biblia (cristianismo) y el Corán (islamismo) - que vivimos con una espada que pende sobre nuestras cabezas y, de ella caer, nos hará merecedor de un castigo sobrenatural.

Es como el mito de la Espada de Damocles, aquel mítico personaje de la corte del rey Dionisio I, monarca de la ciudad siciliana de Siracusa en el siglo IV antes de nuestra Era. El humilde cortesano, cuenta la leyenda, soñaba con poseer el poder y el sitial de su rey Dionisio I. Éste aceptó intercambiar funciones y responsabilidades por un breve tiempo con su súbdito. Damocles, el cortesano, pronto cayó en cuenta de que disfrutar de los placeres del reino, significaba asumir los riesgos de sus decisiones como monarca, y pronto percibió que sobre su cabeza pendía permanentemente una espada sostenida por las crines de un caballo. Al menor descuido o desatino, la afilada arma caería sobre su cuello. Al poco tiempo Damocles cambió de opinión sobre el disfrute de esos placeres reales y pidió volver a su posición original como simple lacayo.

El mito de Damocles refleja la esencia de las religiones monoteístas. Sus libros sagrados anuncian una constante vigilancia y escrutinio sobre las vidas y actos de los seres humanos. Cometer errores o salirse de la senda anunciada,

---

[25] Fernández, op. cit. p. 84

acarrea castigos y desgracias. Una espada justiciera pende sobre nuestras vigiladas figuras terrenales.

CAPÍTULO 13

Desenredando la madeja.

Como ya hemos visto en los capítulos precedentes, la divinización de dioses es una tradición intrínseca a la raza humana. Desde la época de nuestros más remotos ancestros, siempre se ha estado venerando objetos de la naturaleza, o astros, o fenómenos a los que se le atribuyen poderes inexplicables, mágicos y reverenciales. Esas creencias evolucionaron a través de muchos miles de años atravesando etapas que van desde la magia, pasando por el animismo, el politeísmo, donde "el hombre primitivo intenta congraciarse con las almas de la naturaleza hostil sobornándolas con regalos (sacrificios)"[26] y por último al monoteísmo.

Del temor a los efectos de esa desconocida y misteriosa naturaleza, que producía copiosas lluvias, inundaciones, relámpagos, terremotos y tantos otros desequilibrios meteorológicos, hoy día tan familiares para la humanidad, pero tan incomprensibles para las sociedades de miles de años atrás, surge la necesidad de apaciguar a los dioses, ganándose sus favores y, de aquella urgencia, nacen los especialistas en la religión y sus ritos. "El miedo creó a los dioses", ya lo afirmaba el filósofo griego Tito Lucrecio en su *De rerum natura,* o

---

[26] Galán, op.cit. p.392.

"De la Naturaleza de las Cosas", escrito en el primer siglo antes de la Era cristiana.

Un método muy conveniente para gestionar adecuadamente esos miedos ancestrales da surgimiento a las aglutinadoras religiones monoteístas que perduran hasta nuestros días. Como ya introdujimos en el capítulo anterior, la primigenia vendría siendo el judaísmo. ¿Quién funda esta fe?

El judaísmo, nacido en la región levantina de Siria y Canaán durante la Edad de Hierro (siglos XII y VIII a. E. C.), es el fósil viviente que aun profesan unos quince millones de devotos. Sacerdotes de un pueblo cananeo que se consideraba descendiente de un patriarca llamado Abraham, crean un "orden imaginado" en apoyo al proyecto nacionalista de Josías, el rey de Judá. La primera religión abrahámica se enmarca en el culto a Yahvé[27], un dios celoso y excluyente que promete tierra y poder al pueblo de Canaán a cambio de obediencia, sumisión y lealtad absolutas. Todo un acuerdo religioso y político, se ve claramente. ¡Me das tu confianza (tu voto) y yo proveo tu bienestar!

El rey Josías, consciente de que reinaba un territorio inestable, diminuto, rodeado de poderosos vecinos asirios y egipcios, se propuso consolidar su poder con el apoyo de sus profetas, uniendo a su pueblo bajo su exclusivo liderazgo. Nuevamente resaltamos que política y religión han sido por siempre factores aglutinantes y mutuamente complementarios. ¿Cómo lograrlo?, había que crear el relato, la creíble narrativa que convenciera a un pueblo ignorante de tantas cosas, que existía un destino predestinado para ellos en una Tierra Prometida, concebido por un ser superior y misterioso, el dios único Yahvé. Ese supremo dios escogió a una persona para hacer la revelación de su plan maestro, a Moisés. Por ello también el judaísmo es conocido como religión mosaica.

Con ese propósito redactaron las bases del Génesis, del Éxodo, etc., escritos todos que, en forma de leyes, relatos, poemas, profecías y leyendas conformarían lo que se conoce como el Antiguo Testamento, para los cristianos, o Tanaj para los judíos. Claro está, ese conjunto de obras que crean la epopeya

---

[27] También conocido como Jehová.

necesaria para explicar al pueblo el pacto entre los padres fundadores (los profetas) y Yahvé, no fue redactado ni compilado en una sentada. Su elaboración tomó cientos de años, quedando culminada alrededor del 700 a.E.C.

Pero el judaísmo había sido concebido como una religión aglutinadora de la minúscula nación judía en la tierra de Israel. Era muy focalizada y no tenía mucho que ofrecer a otros pueblos o naciones. No ha sido una religión misionera, como si lo fueran sus religiones derivadas, el cristianismo y el islamismo, muchos años más tarde.

La segunda, por orden de aparición, más grande religión monoteísta, el cristianismo, surge a mediados del siglo I de nuestra Era, como ya dijimos de la mano de Pablo de Tarso (San Pablo), un judío converso con amplitud de miras, quien se propuso extender el mensaje del Yahvé original (Dios) allende las fronteras de Israel. San Pablo argumentaba que, si Él se había hecho humano en Jesús y decidido morir en la cruz para redimir a la humanidad, pues bien valía la pena extender el mensaje, evangelizar, a mucha más gente allende las fronteras. La narrativa necesaria para difundir la palabra divina surge de las mismas fuentes originales del judaísmo, ahora más enriquecidas tras tantos años de elaboración, convirtiendo las sagradas escrituras en Biblia[28].

La idea de Pablo de expandir lo más posible el mensaje de Dios, evangelizando a tantos como fuera posible, resultó exitosa al extremo. Los cristianos se expandieron sin limitaciones en campañas misioneras por todo el mundo conocido entonces, a través de cientos y miles de años, difundiendo la palabra de Dios. La Biblia, durante cientos de años, fue engordada de relatos, de misterios, y también ajustada para hacer la narrativa más creíble. Los asombrosos relatos que en ella reposan, eran un gran misterio para todo el que oyera de su contenido en aquellos lejanos años del primer siglo de nuestra Era. La Biblia, para nuestra época no es más que "... un pastiche caótico de documentos inconexos, una antología compuesta, revisada, traducida, distorsionada y *mejorada* durante nueve siglos por cientos de autores anónimos, editores y copistas que no conocemos y que, en su mayoría, no se

---

[28] La Biblia cristiana la conforman el Antiguo Testamento y el Nuevo Testamento (50-100 d.E.C.), y los judíos llaman Tanaj a la unión del Torá, el Neviim y el Ketuvim, sus tres libros fundamentales.

conocieron entre sí."[29]

Y aunque al día de hoy ya conocemos, por los cientos de especialistas que han escrutado el texto bíblico, que está lleno de errores, malas traducciones [30] , contradicciones, engaños y tergiversaciones de historias increíbles y asombrosas, además de haber sido mantenido en el mayor de los secretos por varios siglos, siendo solo accesible a su lectura e interpretación por un selecto grupo de sacerdotes, éste dio el fruto esperado por sus creadores, como todo aquello que, distante y mágico, todavía en la actualidad nos sorprende. La incertidumbre de lo desconocido.

Tan exitosa fue la expansión del cristianismo, que llegó a penetrar al interior del tan poderoso Imperio romano y ser decretado como su religión oficial por el emperador Constantino I en el siglo IV de la Era actual. El increíble éxito de la religión cristiana sirvió de ejemplo para el nacimiento de la tercera gran religión monoteísta en el siglo VII de nuestra Era, en la región de la península arábiga: el islamismo.

Al igual que su predecesora cristiana, seis siglos más tarde, surge el islam como una pequeña secta en un remoto rincón del mundo árabe, de la mano de su patriarca Mahoma, y se expande vertiginosamente durante siglos, desde Arabia hacia el océano Atlántico al Oeste y hasta la India por el Este. Su éxito, igual que el del cristianismo, radica en que ambas religiones son misioneras, evangelizando a tantos como sea posible, y es fanática en esencia.

La difusión sostenida de estos dos últimos monoteísmos, el cristianismo y el islamismo, rindió enormes frutos, logrando extender sus influencias doctrinales por la mayor parte de Europa, Asia occidental y norte de África para finales del primer milenio de nuestra Era. Ya para finales del siglo XVI de la Era actual, los monoteísmos se esparcían como el aceite por gran parte del sur de África, Asia oriental, América y Oceanía. Ha sido una expansión asombrosa de unas creencias fundamentadas en la exclusiva fe. La capacidad

---

[29] Dawkins, op. cit. p. 271-272.

[30] Algunos de sus libros fueron escritos en hebreo, otros en arameo y hacia el siglo V de nuestra Era, fueron todos traducidos al latín.

de convencimiento que algunos sagaces hombres consiguieron, usando la astucia, la creatividad, el dominio de las palabras y sus elaborados relatos, aunado a la inocente ignorancia de las mayorías, marcaron un hito imperecedero en la evolución de nuestra humanidad.

CAPÍTULO 14

Libros sagrados o útiles pastiches.

La mayoría de los pueblos han nacido bajo el manto de una epopeya impresionante llena de grandes héroes que han contribuido a la fundación de esa patria. El doctor Juan Eslava Galán nos da una síntesis de algunos de esos pueblos ancestrales: Para los sumerios y asirios, su epopeya está contenida en el poema de *Gilgamesh;* para los indios está el *Mahabharata* y el *Ramayana;* la fundación de Roma por parte de Rómulo y Remo se explica en la *Eneida*. Los persas tienen el *Shanameh* y los griegos poseen sus famosas *Ilíada* y *Odisea*. Yo agregaría el *Popol Vuh* para el pueblo maya y, aunque más orientado a la adivinación del cosmos y de los días, está el *Tonalamatl* de los aztecas.

Como ya hemos visto, la epopeya del pueblo judío está contenida en el *Torá* que conforma los cinco primeros libros de la Biblia, también denominado Pentateuco (Génesis, Éxodo, Levítico, Números y Deuteronomio), escritos éstos atribuidos a Moisés, que también engrosan el Antiguo Testamento para los cristianos. Se que todos estos nombres generan mucha confusión, pero siempre tengamos en cuenta lo explicado en el capítulo anterior. Las tres religiones abrahámicas (judaísmo, cristianismo e islamismo) nacen de la misma raíz y del mismo texto épico fundacional escrito por Moisés: el Torá lo llaman los judíos, el Antiguo Testamento, los cristianos y el Corán para los musulmanes. Así como la Biblia de los cristianos la conforman el Antiguo y el Nuevo Testamento, además de otros relatos accesorios, los judíos la llaman Tanaj, conformada por el Torá, el Neviim y el Ketuvim. Los musulmanes, partiendo de la Biblia, crearon su Corán.

Para dejarlo más claro, simplificando las complicaciones de tan variados nombres otorgados a las mismas cosas por diversas culturas a través de tantos años de evolución y, unificando la semántica, estableceremos que la Biblia es, en concreto, la epopeya fuente que justifica la existencia de Yahvé, Dios o Alá, para las tres grandes religiones monoteístas. Las tres religiones parten del mismo libro[31], pero cada una se abroga el derecho a sostener que su interpretación del texto sagrado es la mejor.

Y nos preguntamos, ¿qué contiene la Biblia que la hace tan importante para tantos millones de feligreses en este mundo? Básicamente es un libro que contiene un poco de todo adentro: leyes, historia, profecías, proverbios y escarmientos. Es todo un revoltijo literario creado por unos cuarenta autores, hace muchos siglos antes de la Era cristiana, quienes insertaron relatos, plagiaron narraciones y adaptaron poemas transmitidos por boca de otros tantos desconocidos entre sí. Añadamos a ello que esos relatos, leyes, etc. vienen discurriendo desde el año 700 antes de la Era cristiana, escritos algunos en hebreo, otros en arameo y, los más recientes en griego, hasta el año 100 antes de nuestra Era. El texto que conocemos en la actualidad es un consenso de lo que ciertos sacerdotes "especialistas" han reconstruido de lo que se presume fue la obra original, tras ser nuevamente traducida, primero al latín y mucho después a versiones en múltiples idiomas.

Este libro sagrado es el texto más veces impreso, divulgado y traducido en más idiomas que cualquier otro que exista. Su culto ha moldeado a la civilización occidental en todo sentido: artístico (la pintura, la arquitectura, la música), geopolítico (ha configurado imperios y naciones), social (normas de comportamiento, obras de caridad e incluso hasta las vestimentas y las tradiciones populares). Como lo sintetiza Galán: "La Biblia es la fuente remota

---

[31] La palabra Biblia proviene del griego que significa "papiro" y por extensión "libro".

de la que bebe la cultura occidental".

A pesar de esa inmensa repercusión que ha tenido en nuestra civilización, la Biblia es un libro que es poco promocionado para su lectura e interpretación, por lo menos entre los católicos, que es una derivación del cristianismo original. Entre los protestantes, otra derivación del cristianismo, sí se estimula mucho más su lectura[32]. Esos misteriosos escritos que contiene la Biblia, son principalmente interpretados por los religiosos que fungen como interfaz entre el texto y los fieles. ¿Me pregunto, quien no ha tenido una Biblia en sus manos alguna vez? Y, ¿la hemos leído?

En lo personal, como describí al inicio de este ensayo, provengo de una familia cristiana y católica, para más señas. Aunque mis abuelos y padres eran creyentes, no fueron nunca devotos, aunque recuerdo que en la biblioteca que ocupaba su espacio en la sala de la casa de mis padres, siempre ha existido, desde mis remotos recuerdos, un ejemplar de la Biblia. Alguna vez la ojeé, pero jamás me detuve a leerla, a pesar de que siempre me ha apasionado la lectura. Y de mi padre, también adicto a la lectura, recuerdo una sola ocasión en la que lo vi consultando el texto "sagrado" para confirmar una referencia que en otra lectura que realizaba, la mencionaba. Quería confirmar la veracidad de esa mención.

Y, ¿de qué va la Biblia?, ¿qué explica ese voluminoso libro sagrado que da origen a las tres mayores religiones monoteístas de nuestro mundo con más de tres mil millones de fieles en nuestro planeta?

Pues este libro que vendría a ser la epopeya del pueblo judío, siendo concreto en la explicación de su origen, se traduce en el siguiente relato elemental: La crónica narra la aparición de un modesto dios, Yahvé, ante un humilde pastor de ovejas llamado Abraham. Con éste establece un acuerdo en el cual le ofrece una copiosa descendencia y una fértil tierra donde instalarla, la Tierra Prometida, pidiéndoles a cambio su perpetua adoración y el cumplimiento de sus preceptos sin mirar atrás. Abraham tuvo un hijo (Isaac), éste tuvo dos más (Esaú y Jacob) y el segundo de ellos tuvo doce descendientes.

---

[32] Existen otras sectas o confesiones cristianas, además de las dos mencionadas, tales como los anglicanos, los ortodoxos, los evangélicos, etc.

Estos doce bisnietos de Abraham marcharon a Egipto donde se radicaron y tuvieron descendencia por muchos años y, tras haber sido esclavizados en aquella tierra, un día surgió la figura de su caudillo libertador de nombre Moisés, quien, tras negociar la libertad del pueblo judío con el faraón, emprendió camino con ellos a través del desierto del Sinaí, hasta Canaán, la famosa Tierra Prometida. En el tránsito a Canaán, Yahvé se le apareció a Moisés (hombre de carácter y liberador del pueblo elegido) a quien le dicta la Ley sagrada que regiría el pacto hecho con Abraham muchos años antes.

Lo cierto del anterior relato es que supuestamente transcurre entre el 1850 a.E.C. y el 1220 a.E.C., pero no existe ninguna evidencia de su legitimidad, más allá de lo contado en la propia Biblia que fue escrita cientos de años más tarde, cerca del 700 a.E.C. Es decir, luce como una valiente leyenda épica elaborada para, sobre ella, generar muchos otros relatos que justifiquen cosas asombrosas hechas por Dios, o Yahvé, o Alá, como queramos llamarlo.

La primera parte de la Biblia, el Antiguo Testamento, relata cómo es Dios, de qué manera creó el mundo y, por supuesto, narra la historia del pueblo elegido (Israel) al cual le fue ofrecida Canaán, la Tierra Prometida, a cambio de su absoluta lealtad y obediencia eterna, como ya indicamos arriba. La segunda parte de la Biblia de los cristianos, el Nuevo Testamento (recordemos que esta parte no la incluyen los judíos en su texto sagrado), habla de la vida de Jesús, su muerte y resurrección, culminando con los pasos iniciales de la comunidad cristiana.

Pero la Biblia, ese texto sagrado para tantos millones de personas, ha continuado siendo modificado y ajustado por siglos. En el año 393 de nuestra Era, en el concilio de Hipona, se definieron los libros que componían la Biblia cristiana tras mil años de arreglos, ajustes y acomodos. Aquellos estudiosos que la han analizado y escrutado en profundidad y con detenimiento, han demostrado que el texto, a pesar de tantos años de ajustes y revisiones, continúa plagado de contradicciones, relatos inverosímiles y plagios documentados. "El Génesis es sólo un banal plagio de los poemas asirio babilónicos anteriores, relativos a las leyendas de la creación del mundo. El pueblo judío deportado masivamente a Babilonia asimiló estas tradiciones y se las apropió, presentándolas como una revelación recibida por Moisés".[33] Además, quien se atreva a leer el texto sagrado, común para las tres religiones monoteístas, se dará cuenta de que es un relato malvado, lleno de traiciones, asesinatos, infidelidades y estrambótico en gran medida. El Génesis describe la dantesca historia del Arca de Noé, donde humanos y animales son sacrificados bajo las aguas de una inundación producida por el mismo Dios. La destrucción de Sodoma y Gomorra describe desde asesinatos, pasando por actos de homosexualidad, la ofrenda de las hijas de Lot (sobrino del patriarca Abraham) para su violación en masa y nubes de azufre que destruyen todo sobre la tierra; y hasta la imposición de Dios a Abraham para que asesinara a su propio hijo Isaac.

El Nuevo Testamento, redactado mucho después del Antiguo Testamento, es una versión más edulcorada de su tenebroso antecesor. Y como ya anticipamos, relata la vida de un humilde y bonachón Jesús, enviado por Dios para redimir nuestros pecados como humanidad toda. Versión más bonita que la del Antiguo, pero no escasa de asombrosos misterios y contrariedades, como la de un hombre que nace de una madre virgen, María, sin la intervención de algún padre biológico; ese mismo hombre que resucita a un antiguo amigo fallecido (Lázaro), es condenado a morir en la cruz por su propio padre, no biológico, Dios, para luego revivir al tercer día de su muerte y desaparecer por completo ascendiendo al cielo. Y ese mismo hombre sin padre, y su padre, que también es él mismo (misterio divino), es capaz de observar, escuchar y escudriñar nuestros pensamientos, los de todos los miles de millones de habitantes de este planeta, permanente y simultáneamente. Y si algún mortal habitante de este planeta hace algo malo, incorrecto o alejado de la fe o, por el contrario, si sigue una línea de comportamiento recta, noble y ajustada a sus normas, pues ese mortal humano será castigado o recompensado, respectivamente, incluso hasta después de su muerte.[34]

De este libro sagrado y ancestral para los cristianos, nace el texto sagrado de los islámicos, el Corán, que corre con similar suerte en su

---

[33] Robert Ambelain, "Los secretos de Israel", 1996, citado por Galán, op. cit. p.42.

[34] Parte del contenido de este párrafo es una paráfrasis del texto de Dawkins en op. cit. p. 211.

composición narrativa, por cuanto nace de la misma raíz. Ambos textos llaman en repetidas ocasiones a ejercer hechos de violencia contra los no creyentes en la fe, o a los que sigan una diferente; pero en ese sentido, el cristianismo se ha suavizado mucho, mientras que el islamismo ha permanecido con la rigidez patriarcal de sus orígenes. El autor del libro "Por qué no soy musulmán" Ibn Warraq, profundo conocedor académico del islam se refiere al libro sagrado musulmán como "… un batiburrillo de 'escojo y combino'. Si quieres paz, puedes encontrar versículos referidos a la paz y, si quieres guerra, puedes hallar versículos belicosos en él". La educadora y activista de derechos humanos canadiense y de origen egipcio Yasmine Mohammed, escribe en su libro "Sin Velo", donde relata su trágica vida personal sometida a los designios de una fe religiosa tan obtusa e inhumana que, tras haberla estudiado en profundidad muchos años después de vivir su propio calvario, concluyó que "el Corán no difería de ninguna otra filosofía antigua, no difería de ningún otro libro escrito por el hombre" (…) "aquello no era la palabra divina de alguna deidad poderosa, había sido escrito por hombres que no discernían entre una cosa y otra".[35]

Mi intención aquí no consiste en analizar el contenido de las escrituras condensadas en la Biblia o el Corán, ya muchos otros estudiosos lo han hecho. Quien quiera profundizar en los detalles de lo descrito en ellos, les aliento a consultar los autores de quienes me he valido para este escrito, señalados en la bibliografía consultada. Realmente vale la pena revisarlos. Si prefieren un análisis de ello más entretenido y ameno, les recomiendo a Juan Eslava Galán y, si algo más serio es preferido, recomiendo a Dawkins.

Por ello es por lo que no resulta muy sorprendente que la hipótesis de Dios tenga tantas versiones, ya que se origina y fundamenta en tradiciones ancestrales basadas en relatos o invenciones de desconocidos que crearon a sus seres imaginados, en lugar de basarse en evidencias. Unos relatos bíblicos elaborados por tantas personas, llenos de tantas complejidades y contrariedades para dificultar su comprensión, plagados de errores y tergiversaciones, no era muy digerible para las gentes de las primeras centurias de nuestra Era, por tal razón dichos relatos "sagrados" debían ser analizados e "interpretados" por sacerdotes especialmente calificados para su adecuada y

---

[35] Op. cit. p.221

conveniente difusión al ignorante pueblo llano, las mayorías.

CAPÍTULO 15

La razón, el mayor enemigo de la fe.

El cristianismo, exactamente igual que sus hermanas gemelas el judaísmo y el islamismo, enseña a las personas que no cuestionar la fe es una virtud y una obligación. Precisamente, para los líderes religiosos y para los fervientes seguidores de los tres principales monoteísmos, es necesario no cuestionar la fe porque, si ella es analizada y estudiada seriamente, contrastando sus historias y relatos con la realidad de los hechos científicos probadamente ciertos que hoy día se conocen, la cantidad de seguidores de esas fes, seguirían disminuyendo como ocurre cada vez más en la modernidad del siglo que vivimos.

El catedrático Richard Dawkins es aún más incisivo, aunque no menos certero en su aserto: "La fe es un mal precisamente porque no requiere justificación y no admite discusión". Y "... lo que resulta más pernicioso es la práctica de enseñar a los niños que la fe, en sí misma, es una virtud".[36] Incluso la fe de los musulmanes es aún más sanguinaria. "Mahoma difundía la fe que

---

[36] Dawkins, "El Espejismo de Dios", p.349

predicaba por medio de la espada", razonaba el emperador bizantino Manuel II Paleólogo en el siglo XIV conversando con un erudito persa en Ankara acerca de la verdad del cristianismo y el islam.[37]

Difundir la fe como una virtud indiscutible sin justificación razonable es erróneo y aún peor es difundirla por la fuerza, como lo hace el islam, justificado por los arcaicos métodos de Mahoma. El Papa de la iglesia católica romana Benedicto XVI (el alemán Ratzinger), refiriéndose a ese dialogo entre el emperador bizantino y el erudito persa ocurrido en el año 1.395 de nuestra Era, manifestaba en una desafortunada[38] conferencia apostólica ofrecida en la sede de la Universidad de Ratisbona en Múnich en 2006, que la violencia no era compatible con la naturaleza de Dios y del alma, y que, no actuar según la razón es contrario a esa naturaleza. "La fe es fruto del alma, no del cuerpo. Por tanto, quien quiere llevar a otra persona a la fe necesita la capacidad de hablar bien y de razonar correctamente, y no recurrir a la violencia ni a las amenazas..."[39] Quizás el Papa olvidaba la violencia de las Cruzadas y de la Inquisición de los miembros lejanos de la Iglesia que él representaba. Inquisición que por cierto no cesó de perseguir herejes hasta bien entrado el siglo XIX en México.

"La fe es fruto del alma, no del cuerpo", decía Ratzinger en esa conferencia. ¿Y qué es el alma?, pues es una palabra que proviene del latín *anima* que identifica la cualidad de movimiento que poseen los seres vivos. Sin embargo, esta palabra ha sido reinterpretada de muchas maneras para otorgarle un significado que resulte más favorable a la narrativa creacionista, emparentándola con la palabra de origen hebreo "espíritu" que significa soplo o aliento, atribuyéndoselo a alguna divinidad que le imprime consciencia al cuerpo o materia.

Mientras que lo que nos relatan los libros de ciencias es información basada en una abrumadora cantidad de evidencias contrastadas, razonadas y

---

[37] Frattini, "El Libro Negro del Vaticano", p. 407

[38] La mención de ese pasaje en su conferencia causó el malestar e ira de infinidad de musulmanes en todo el mundo.

[39] Frattini, op. cit. p.408

demostradas, los libros sagrados solo relatan conjeturas no atestiguadas. ¿Y por qué entonces los adoctrinadores de oficio insisten en seguir lavando cerebros con el contenido de los libros sagrados y tanta gente continúa dejándose influenciar por ellos?

Pues creo que el emperador francés Napoleón Bonaparte y el filósofo romano del siglo I de nuestra Era, Séneca el Joven, lo sintetizaron excelentemente al decir: "La religión es una cosa excelente para mantener en calma a la gente común", el primero, y "La gente común ve la religión como algo verdadero, los sabios como algo falso y los gobernantes como algo útil".[40] Para Séneca la sabiduría residía en el seguimiento de las leyes de la naturaleza que se rigen por la razón y no por la pasión. El convencimiento en el contenido de los textos sagrados en la antigüedad era fácilmente transferible a las masas dado el bajísimo nivel cultural de la gente, ya lo habíamos comentado antes. Gente astuta y sagaz siempre existirá para convencer al ignorante de casi cualquier cosa con mucha facilidad.

Pero, con el transcurrir de cada siglo, la humanidad ha tenido cada vez más acceso al conocimiento, a las luces del saber, y es por ello por lo que la adaptación a esa realidad produce que la campaña de adoctrinamiento deba ser iniciada desde muy temprano, desde que el hombre y la mujer son niños. Se enseña a los niños desde su tierna infancia que creerse un relato de fe sin cuestionamientos es una virtud. Por ello desde bien pequeñitos, mientras más pronto mejor, se nos introduce en ese mundo místico. En el cristianismo, el sacramento del bautismo, y en el catolicismo, derivación de la anterior, la confirmación y la primera comunión ocurren mayormente antes de que el niño llegue a la edad de los ocho o diez años. Por supuesto estos son ritos impuestos a los niños por sus creyentes padres, ya que un bebé o infante no tiene forma de discernir sobre el rito al que lo están sometiendo.

En el islamismo y en el judaísmo el proceso de iniciación forzada en tales fes es aún mucho más estricto. Generalmente los seguidores de dichas religiones son mucho más fanáticos que aquellos del cristianismo. El islam, nos describe Yasmine Mohammed, la autora del libro "Sin Velo" antes citado, "es

---

[40] Dawkins, op. cit., p. 315

como una escuela de peces que se mueven todos en una única dirección. Si no te alineas, te sientes excluido y distinto". "¿Como se controla a los individuos? Conviértelos en zánganos descerebrados y manipula sus mentes desde muy temprana edad para que crean verdaderamente que no hay más que un solo camino. Eso es lo que te dicen cada día, desde el momento en que eres capaz de comprender el sentido de las palabras."[41] Lo describe así una mujer que sufrió en carne propia, desde los seis años, el salvajismo de una religión bárbara, misógina y homófoba que data del siglo VII. Esos calificativos son de ella. El judaísmo es también una religión muy encerrada en sus ritos y patriarcal en extremo. "Nadie nace católico, musulmán, judío o budista, pero en cada familia, y antes de que el niño desarrolle razón, conciencia y crítica, se le programa hasta la médula dicha identidad, con todas sus creencias y rituales derivados."[42]

Lo que se trata de hacer ver es que la facultad de discurrir algo, pensar, analizar, reflexionar sobre los hechos que ignoramos o no comprendemos por completo, es a lo que llamamos razón. Si no ejercitamos el pensamiento crítico, si no contrastamos las creencias con los hechos probados y confundimos las esperanzas con las realidades demostradas, seguiremos envueltos por una nube de superstición. Razonamiento y experimentación crean ciencia y es por ello por lo que mientras más comprendamos nuestro mundo y nuestra naturaleza, más fácil será deslastrarnos de los mitos y supersticiones que nos transmiten los charlatanes y embaucadores de oficio.

Como dice el catedrático Carl Sagan, "la microbiología y la meteorología explican ahora lo que hace sólo unos siglos se consideraba causa suficiente para quemar a una mujer en la hoguera", y "una persona puede ir a ver a un brujo para que le quite el sortilegio que le provoca una anemia perniciosa, o puede tomar vitamina B12. Si quiere salvar de la polio a su hijo, puede rezar o puede vacunarle. Podemos rezar por una víctima del cólera o podemos darle quinientos miligramos de tetraciclina cada doce horas. Si le interesa saber el sexo de su hijo antes de nacer, puede consultar a los adivinos [tendrán un 50% de probabilidades de acertar], pero si quiere precisión, pruebe la amniocentesis

---

[41] Op.cit. p. 245

[42] Zunzunegui, "La Revolución Humana", 2022, p. 52.

y las ecografías [certeras en un 99%]. Pruebe la ciencia."[43]

Y, reformulando la pregunta que nos hacíamos antes: ¿Por qué a los adoctrinadores de oficio, sacerdotes, pastores, clérigos, etc. les conviene mantener esas creencias y mitos ancestrales de las religiones con vida? Pues por diversas razones. Además de mantener a la gente controlada y utilizada convenientemente para un objetivo de interés superior, como la política[44], también mantiene las arcas de las iglesias e incluso de la economía nacional en movimiento productivo. Mantener vivas tradiciones ancestrales como las apariciones de la Virgen María o de otras de las tantas vírgenes o santos que existen en las religiones derivadas del cristianismo, por ejemplo, mantener vivo el mito del sudario de Turín que muestra una imagen similar a una forma humana pretendiendo que fue la tela con la que se envolvió a Jesús tras su muerte, supuestamente acaecida en el primer siglo de nuestra Era, a pesar de que estudios realizados al sudario con la técnica de carbono-14, demuestra que es una falsificación hecha en el siglo XIV; mantener vivas esas reliquias y tantas otras en cada una de las religiones que existen alrededor del mundo, ofrece trabajo remunerado a los curas, herreros, carpinteros, mercaderes de *"souvenirs"*, estimula el turismo en las regiones del planeta agraciadas con las leyendas y por ende a los gobiernos de los países afortunados en poseer esas famosas catedrales, iglesias, santuarios y un largo etcétera de monumentos que promociona el turismo religioso.

Mientras escribía este capítulo, y por casualidad, mi hijo estaba de visita en Madagascar por razones de trabajo y me envía una foto que se hizo, junto a un grupo de colegas, debajo de un enorme árbol que los locales llaman "El Árbol de la Vida", un sitio turístico por excelencia en ese recóndito país y, qué sorpresa, averiguo un poco acerca de ese hito turístico en el internet y resulta que se dice que es un árbol considerado sagrado para todas las religiones que han entrado en contacto con él: los musulmanes, los cristianos, los bosquimanos, etc., y en su interior guarda un tesoro que salva vidas. Es el baobab de Madagascar. El primer árbol creado por Dios, reza la leyenda. Pues

---

[43] Op. cit. pags.26, 45, 48 y 49

[44] Alguno se preguntará ¿Y qué tienen en común la religión y la política? Mucho, ya lo veremos más adelante.

ahondando un poco más en el conocimiento de ese particular árbol originario de aquellas áridas tierras de Madagascar, África continental y algunas partes del Medio Oriente, resulta que "el tesoro que guarda en su interior y que salva vidas", no es más que agua que esta particular especie vegetal almacena en su tronco y ramas y, dado que crece en áreas semidesérticas, pues sí, realmente esconde un preciado tesoro en su interior para saciar la sed de los moradores. Así somos los seres humanos, otorgamos poderes sobrenaturales a hechos triviales de la naturaleza.

Otro hecho mítico muy común es el del reconocimiento de formas conocidas o familiares en nuestro cerebro como consecuencia de la unión de fragmentos de luces y sombras inconexas que nos hacen, inconscientemente, visualizar imágenes conocidas. Una formación rocosa, una veta en la madera, una nube con forma animal o un plátano con marcas oscuras que imitan una cara humana, son fácilmente atribuibles a una caprichosa intervención divina para las mentes crédulas que quieren ver en esos objetos santos, vírgenes o al mismo Jesucristo. También lo es el efecto placebo de la sanación por la fe, mucha gente ingenua cree en esos milagros, pero las evidencias y estudios científicos realizados sobre esos argumentos demuestran que la posibilidad de curarse de una enfermedad a través de la fe es similar a la de ganarse la lotería, una entre un millón. Un estado mental de creencia y fe absoluta puede beneficiar a otro estado mental de angustia y tristeza, sin que ocurra una intervención divina, es solo el efecto placebo (que carece de acción terapéutica) del convencimiento interior sobre esa sanación.

CAPÍTULO 16

Sincretismo.

Ya ha sido dicho, los monoteísmos han marcado significativamente el devenir de la raza humana principalmente durante los dos últimos milenios. Aunque a decir verdad éstos no se han mantenido asépticos, sino que sus seguidores y aun sus promotores continúan nutriéndose de los politeísmos para, muchas veces, darles sentido a los sinsentidos de esas religiones.

Cuántas veces nos hemos preguntado, ¿Cómo es posible que un Dios tan lleno de amor, todopoderoso, omnisciente, creador del universo y de todas sus leyes, permite que haya tanta maldad y tragedias en nuestro mundo?, por supuesto el ejercicio intelectual que deben hacer los monoteístas para darle respuesta a esa interrogante tan obvia que todo ser humano se hace alguna vez, es generalmente sintetizada en que esa es la forma en que Dios otorga el libre albedrio a los seres humanos para elegir entre el bien y el mal, un bien que es de Dios y un mal que lo domina algo llamado Diablo o Satanás. La explicación más básica que consiguen los monoteístas es que aquellos humanos que desechen hacer el bien y decidan escoger el camino del mal se enfrentarán a un castigo divino después de la muerte en esta vida, pasando a sufrir sufrimientos y torturas en el infierno por siempre, en vez de subir al cielo al lado de Dios en su reino celestial que otorga la paz eterna.

Para justificar hechos que generan muchas dudas a los humanos que tratan de creer en sus respectivas religiones, los monoteísmos judío, cristiano y musulmán han absorbido mucho de los politeísmos y dualismos de diversas culturas. El cristianismo, por ejemplo, ha creado su propio panteón de santos, vírgenes, ángeles y arcángeles para brindar soluciones a cada uno de los padecimientos terrenales de los humanos. Un politeísmo a toda regla. Desde remotos tiempos han existido dioses y santos para cada actividad, desde las más complejas hasta las más triviales: Júpiter, era el dios de la guerra para los romanos, san Jorge es el protector de Inglaterra, la virgen del Valle es la protectora de los marinos en Venezuela, hay santos para cada una de las enfermedades que conocemos y también para la mayoría de los oficios: herreros, carpinteros, recaudadores de impuestos, soldadores, y para toda actividad que nos imaginemos. ¿Cómo la Iglesia lidia con esa proliferación de deidades que surgen dentro de su feligresía, si se supone que sólo existe un Dios verdadero y a él solamente se le debe devoción?, pues nombrando a todos esos seres míticos, "intercesores" entre el ser humano y el único Dios. Son los gestores de nuestras necesidades y peticiones. Los intermediarios, en otras palabras.

A pesar de que las religiones monoteístas no deberían aceptar esas prácticas dualistas, ya que, en ninguna parte del Antiguo Testamento, origen de los tres principales monoteísmos como ya vimos, es expresado; la avalancha de seguidores de las fes, prefieren contar con alguien más cercano y especializado en necesidades concretas (enfermedad, trabajo, amor, etc.) para que le resuelva sus problemas mundanos, de manera más expedita y personalizada. Los seres humanos poseen una particular capacidad y, a veces necesidad, para creer en contradicciones. De ahí quizás proviene la necesidad de invocar a Dios para que nos ayude a matar a nuestros contrarios o adversarios. Las Cruzadas fueron sencillamente eso, el uso del nombre de Dios para masacrar a los infieles, y, las Yihads[45] de los musulmanes, lo mismo. Tratar de engranar y conciliar esa mezcolanza de creencias y doctrinas tan diversas, es la solución que los estudiosos de las religiones han encontrado y la han denominado sincretismo.

Ahora bien, los tres grandes monoteísmos ya analizados comparten la misma creencia en dioses y en otros seres sobrenaturales de inferior rango

---

[45] Guerras Santas.

jerárquico, digámoslo así, los intermediarios o intercesores. Pero también han existido desde varios cientos de años antes de la Era cristiana, otras religiones que no se fundamentan en la creencia de dioses, sino en el propio ser humano y en su ética, y en la naturaleza y en las leyes que la rigen, como el taoísmo o el confucianismo en China, o el budismo en la India. El confucianismo se centra en el ser humano y sus relaciones éticas, y en el respeto a los ancianos, a los sabios y al Emperador rector del Estado. El confucianismo se difundió enormemente en el continente asiático, especialmente en lo que hoy es China, Corea, Japón, Taiwán y Vietnam. Mientras que en el budismo su actor principal no es un dios sino un humano: Siddharta Gautama, un príncipe del Himalaya que existió en el siglo V a.E.C. y su dogma se basa en la sanación del sufrimiento humano ejemplificado en la tristeza, la frustración, el dolor o el apego a lo material que tantas preocupaciones causan a los seres humanos, efectos que ulteriormente afectan la salud, la longevidad y conducen a una muerte amarga e infeliz.

Estas dos populares formas de religión (por el número de seguidores que poseen) son de un alto contenido humano, requieren de profunda meditación y de un amplio contacto con lo terrenal y con la naturaleza circundante. Se fundamentan en la búsqueda íntima dentro del propio ser humano y su entorno natural para encontrar sanación y así derrotar el sufrimiento que acongoja la mente y la esencia de cada uno, sin el uso de intermediarios para conseguir el favor de los dioses. A esas religiones podríamos denominarlas religiones de la ley natural y, aunque algunas de ellas aceptan dioses, éstos siempre están subordinados a las leyes de la naturaleza, como el resto de los seres vivos lo están. Mientras musulmanes, cristianos y judíos viven pidiéndole a Dios que les facilite la solución a sus problemas ofreciéndole plegarias y ofrendas a cambio, los confucianistas, budistas o taoístas se centran en hurgar en su interior a través de la meditación y el contacto con la naturaleza, para acabar con el sufrimiento que le producen los males generados por la codicia, la envidia, el deseo o la avaricia. Los mismos rasgos humanos de nuestra naturaleza que originan aquellos males que los monoteístas imploran a Dios que se los elimine o minimice. Son dos caras de una misma moneda.

CAPÍTULO 17

Las nuevas religiones.

A medida que la razón y el conocimiento científico han ido expandiéndose de manera tan acelerada, sobre todo en los últimos dos siglos, el mundo ha pasado a ser un escenario de secularidad extendida. Los asuntos públicos de nuestra cotidianidad se han apartado un poco de los asuntos religiosos tan invasivos de las centurias pasadas. El conocimiento y el saber, cada día más al alcance de la mano, han ayudado a desmitificar ese miedo a lo desconocido que veníamos heredando de nuestros remotos antepasados. Los acontecimientos que impregnaban de terror a los seres humanos de la antigüedad han pasado a ser tan normales, a veces predecibles y hasta comprensibles para todos nosotros, que el repentino surgimiento de un terremoto, o de un huracán, o la erupción de un volcán, ya nadie se atreve a atribuírselo al enojo de los dioses. La ciencia se ha encargado de explicarnos cómo surgen y por qué suceden esos fenómenos naturales, desastrosos sí, pero razonables desde el punto de vista de las leyes de la física y la química.

Pues, ante ese despertar humano en busca del conocimiento, ante esa paulatina pérdida del miedo a lo desconocido, los factores de poder que, desde siempre, desde que la misma raza humana existe sobre este planeta, han querido controlar y dirigir a las masas humanas, han creado, cambiado y mejorado sus sistemas de organización, de control y de dominio sobre las mayorías. En capítulos anteriores enunciamos el sistema faraónico de los egipcios, las dinastías de los Emperadores chinos y los Césares de la Roma imperial, todos ellos sistemas de control político surgidos antes de la Era cristiana. También antes de nuestra Era existió otro sistema político de apariencia más humana y social: la democracia. Ella surgió en el siglo V a. E. C. en Grecia y pretendía que fuera el pueblo quien tuviera el poder de sus destinos y que su naturaleza se opusiera a las monarquías (gobierno de uno) o a las oligarquías (gobierno de unos pocos). Sin embargo, esta forma de gobierno popular no duró ni siquiera dos siglos y su alcance fue muy limitado geográficamente, se ciñó a Atenas, una pequeña *polis* o ciudad – estado.

Las razones del fracaso político griego fueron diversas y anticipadas antes de que ella terminara por parte de sus más prestigiosos filósofos y pensadores. Píndaro, Jenofonte, Plutarco, Demóstenes, Aristóteles y Platón, entre otros, anticiparon su fracaso antes de que Atenas sucumbiera a Esparta, otro estado griego de carácter totalitario. El poeta trágico de la antigua Grecia, Eurípides, vislumbrando el fracaso del sistema democrático existente en la *polis* ateniense decía que el sistema democrático no podía funcionar debido a la ignorancia del pueblo. Es por ello por lo que el final de la democracia griega ocurrió principalmente por la "ceguera popular causada por la ignorancia". "Aunque los que hablan son los más hábiles, los que deciden son los ignorantes", decía Plutarco. O, en opinión de Jenofonte: "… al final, quien tenía un poder decisorio no eran los mejores o más instruidos, sino los más estúpidos e ignorantes".[46]

El Imperio Romano admiró a la Grecia del saber y la cultura, mas no a su fracasada democracia. Tuvo transiciones en su estilo de gobierno hasta más tarde sucumbir como un imperio corrupto, incapaz de defender sus extensas fronteras de los asediantes bárbaros. Europa se llenó de monarquías que rivalizaban entre sí por la simple razón de ostentar el monopolio del poder regional y los monarcas más ambiciosos pretendían el gobierno del mundo en general. Durante la Edad Media la Iglesia católica romana legitimaba el poder de las monarquías, siempre y cuando estas se sometieran a la autoridad del Papa. De hecho, en el siglo XIV de nuestra Era, el Papa Clemente V trasladó la Santa Sede a la ciudad francesa de Aviñón simplemente por mantener la

---

[46] Citas tomadas de César Vidal, "Un Mundo que Cambia", 2020, págs. 5-6.

conveniencia de la unión iglesia-monarquía francesa. Las ansias de poder político de la Iglesia católica eran tantas que, llegó a existir más de un Papa disputándose el control de la fe católica. Por supuesto estas interesadas vagabunderías papales causaron un cisma en los creyentes de la verdadera fe. La corrupción era tan evidente que, en el siglo XVI se produjo la famosa Reforma de Calvino[47], que quería regresar al cristianismo originario más antiguo, contenido en la Biblia, alejándose de la corrupta espiritualidad de la Iglesia católica romana.

Fue trascendental y permanente la Reforma emprendida por Calvino y sus seguidores muchos años después, quienes mantenían la supremacía de la ley divina (la Biblia) sobre todos los seres humanos incluyendo al Papa, sobre aquellos que defendían interesadamente que era la Institución Papal la que aplicaba esa ley a conveniencia. La Reforma calvinista tuvo una influencia inmensa en la futura elaboración de instrumentos legales en defensa de las libertades, para el debido funcionamiento de los Estados y para procurar los sistemas políticos democráticos con separación de poderes y al servicio de las mayorías. La conexión de las diversas fes religiosas con las políticas de los Gobiernos es abrumadora y repleta de ejemplos a lo largo de nuestra historia.

Estas constantes adaptaciones y reformas político-religiosas que mencionamos fueron en gran medida una respuesta a las ansias de predominio de cada uno de los poderes fácticos de los siglos precedentes. Mientras la Europa del catolicismo romano se afianzaba en el absolutismo de su poder político y religioso, surgía como contrapeso la Europa del reformismo, especialmente en Inglaterra y Escocia, que daría lugar a una nueva forma de democracia basada en el contenido del Nuevo Testamento, como ya dijimos antes, propulsada por los calvinistas, presbiterianos o puritanos quienes promocionaron el sistema parlamentario de hacer política. Ese surgir del calvinismo o del puritanismo, así llamados porque perseguían la pureza del contenido bíblico, tuvo un impacto fundamental en los posteriores sistemas democráticos de otros países como Holanda, Alemania, Irlanda y muy marcadamente en el de los Estados Unidos de América, donde las dos terceras

---

[47] Juan Calvino, teólogo y filósofo francés promotor de las reformas protestantes contra la corrupta Iglesia católica. Sus seguidores son llamados calvinistas.

partes de sus colonos originales eran de esas tendencias religiosas. La base política de la carta fundacional de los Estados Unidos de América y su Constitución nacieron fuertemente influenciadas por la concepción bíblica de sus redactores y padres fundadores.

En Francia, antes de concluir el siglo XVIII, también hubo intentos de reformas políticas que fueran más benévolas para el pueblo francés, pero el fuerte apego a la norma católico-romana del poder político no permitió que fluyera tan incruentamente como en Inglaterra o Norteamérica. La Revolución Francesa y el baño de sangre que produjo logró algunas reformas, consiguió la ruptura con la Iglesia dominante y abrió el compás para la libertad de culto de los ciudadanos franceses, pero lamentablemente devino en la dictadura militar de Napoleón Bonaparte. También en España la supremacía de la Iglesia católica romana impidió que un sistema de gobierno democrático suplantara a la monarquía tradicional coaligada con la Santa Sede. El influjo de ello, y de la masonería[48], se transmitió a todas las posesiones hispanas en América, de allí que todos los países hispanoamericanos, después de independizarse del imperio español, no lograran consolidar sistemas políticos más liberales hasta bien avanzado el siglo XX, ya que sus constituciones nacionales mantenían el calco heredado del Imperio monárquico español.

Esos convulsos siglos de Reforma y Contrarreforma, de Ilustración y de pugnas entre monarquías imperiales y las diferentes Iglesias (católica, anglicana, ortodoxa, etc.) luchando por el poder y el control de los pueblos europeos y americanos principalmente, generó una serie de cambios radicales en muchas partes del mundo. Los siglos XIX y XX estuvieron plagados de revoluciones y cambios estructurales en todo el mundo, influidos principalmente por la búsqueda del poder global en una fusión política y espiritual sustentada en la fe.

Y como ya habíamos aclarado anteriormente que las religiones teístas y las de leyes naturales son sistemas de normas y valores fundamentados en la

---

[48] Institución filantrópica existente desde la Edad Media con orígenes cristianos y de fuertes nexos con los círculos de poder mundial. Simón Bolívar, José de San Martín, Francisco de Miranda y Bernardo O'Higgins, precursores de las independencias sudamericanas, fueron masones.

creencia en seres sobrehumanos o seres imaginados, pues a partir de mediados del siglo XX, como consecuencia de los cambios sintetizados en el párrafo anterior, surgieron una miríada de religiones basadas en principios similares, con la diferencia de que solemos llamarlas ideologías en lugar de religiones. Raymond Aron, el famoso sociólogo, filosofo, historiador y político liberal francés, las llamó "religiones seculares". Él decía: "Al igual que las fes tradicionales, enunciaban verdades que no debían cuestionarse, desviaban la atención de la miseria presente hacia un futuro utópico y definían rituales que podían separar a los verdaderos creyentes de los herejes".[49] Las religiones del siglo XX pasaron a ser el comunismo, el nazismo, el fascismo, el franquismo y, más hacia finales de ese siglo, surgieron otras más focalizadas como el naserismo de Gamal Abdel Náser en Egipto o el fujimorismo de Alberto Fujimori en Perú.

Veamos algunos símiles entre las antiguas y las nuevas religiones: El islamismo tiene su profeta llamado Mahoma y el comunismo tenía el suyo llamado Karl Marx. Los cristianos tenían a sus legiones de sacerdotes e inquisidores que garantizaban, con mano dura la mas de las veces, que el rebaño de creyentes se mantuviera dentro del redil de su fe; los comisarios políticos soviéticos tenían un papel similar controlando la fe a sus "dioses" Vladímir Ilich Lenin o Joseph Stalin. El judaísmo, el cristianismo y el islamismo tienen sus textos sagrados. También las nuevas religiones los tienen, el nazismo tenía "Mi Lucha" de Adolf Hitler, "El Capital" de Karl Marx era el texto sagrado de los comunistas y, por sintetizar, "La doctrina del fascismo" resumía las normas y enseñanzas del culto y la fe en Benito Mussolini en la Italia de los años previos a la segunda guerra mundial; así como "El Libro Verde" era el libro sagrado del libio Muamar el Gadafi. En cuanto a la simbología y arquitectura, pues también. Así como cada una de las fes religiosas tienen su correspondiente simbología representadas con la Cruz, la Estrella de David o la Media Luna, las nuevas religiones tenían la Esvástica de los nazis, la Hoz y el Martillo de los comunistas o el fasces romano de los seguidores del fascismo.

Las iglesias, mezquitas, sinagogas, llenas de estatuas de santos, de vírgenes e imágenes sagradas en general, simbolizan las diversas fes y

---

[49] Citado por Guriev y Treisman en "Los Nuevos Dictadores", p. 40.

creencias. Las nuevas religiones tienen iconos similares. Ellos van desde inmensas estatuas talladas en montañas, como Mussolini la tuvo, o labradas en bronce, como Stalin, Saddam Hussein, Mao y muchos otros, hasta enormes gigantografías desplegadas en edificios de cada ciudad importante del país correspondiente en las épocas más recientes, al estilo de Chávez, Xi Jinping, Kim Il Sung, Manuel Noriega, etc.

Las tradicionales religiones monoteístas y politeístas ya revisadas han tenido que evolucionar a través de estos nuevos tiempos seculares que les van quitando su inmenso poder mítico, conectando con las nuevas religiones o ideologías, que no son más que, usando las palabras del catedrático en filosofía español Manuel Cruz, "un engaño social organizado"[50]. Unas sirven a las otras o, en ocasiones, las religiones son utilizadas y manipuladas por las ideologías, para atraer y sumar adeptos a la causa política.

Hace mucho tiempo dejó de ser un secreto la complicidad que mantuvo el Papa Pío XII, desde el Vaticano, sede del catolicismo en el mundo, con el régimen nazi de Adolf Hitler durante la Segunda Guerra Mundial y el silencio sepulcral que mantuvo éste ante el brutal holocausto llevado a cabo principalmente contra los judíos y otras minorías étnicas. En los años que corren mientras se escribe este libro, la cabeza de la Iglesia ortodoxa rusa se manifiesta abiertamente en alianza con el presidente ruso Vladimir Putin justificando la irracional y cruenta invasión a Ucrania.

Otro suceso que ejemplifica la fuerte conexión que existe entre la religión y la política fue el intento de asesinato del Papa Juan Pablo II en la plaza de San Pedro en la ciudad del Vaticano, en el año 1981. Dado que las circunstancias del atentado nunca fueron aclaradas totalmente por la justicia italiana, estas dejaron inmensas dudas sobre la motivación real del perpetrador del atentado, y se han manejado varias teorías, pero, una de peso fue que el intento de asesinato fue ordenado por los servicios secretos de la entonces Unión Soviética, la KGB, dado el abierto apoyo que el Papa, de origen polaco, brindaba al líder de la organización sindical también polaca "Solidaridad", fundada y dirigida por Lech Walesa. Esa organización luchaba con gran éxito

---

[50] Cruz, "Democracia, La última utopía", p.198

por desplazar al régimen soviético de la vida de los polacos y de otros pueblos europeos sometidos por la ideología comunista dirigida desde el Kremlin. Los líderes de las más importantes corrientes religiosas del mundo necesitan, para mantener su poder en estos días de descreimiento, vincularse estrechamente en clara relación simbiótica, con los verdaderos centros de poder mundial (gobiernos y magnates económicos), a fin de no ver mermadas sus cuotas de beneficios económicos.

CAPÍTULO 18

Los nuevos dioses imaginados.

Esa camada de "nuevas religiones" que surgieron en el siglo XX dio origen al surgimiento de sus respectivos "nuevos dioses". Algunos de ellos eran creyentes de alguna de las religiones monoteístas ya analizadas, como Francisco Franco en España, ferviente y fanático católico que hizo de la fe cristiana un pilar de su gobierno autoritario hasta su muerte en 1975. Con una mano sostenía la cruz y con la otra el garrote. Por otro lado, tuvimos a Josef Stalin en la Unión Soviética, otro dictador, pero de tendencia opuesta al anterior y no creyente en religiones más allá de la que él mismo practicaba: el comunismo, y su dios era él. Así lo sintetiza Harari: "El comunismo soviético era una religión fanática y misionera. Un comunista devoto no podía ser cristiano ni budista, y se esperaba que difundiera el evangelio de Marx y Lenin incluso al precio de su propia vida."[51]

Por otra parte, tenemos al nazismo de Adolf Hitler, una ideología autoritaria que se enfocaba en lo que podríamos denominar, si somos amplios de miras, una suerte de religión humanista racial y evolutiva. Los nazis estaban convencidos de la grandeza y superioridad de la raza aria, la cual debían

---

[51] Op. cit. p. 254

preservar y promover. Su convencimiento les decía que el *Homo sapiens* había evolucionado en diversas razas, siendo la aria una de ellas, la cual mantenía los mejores atributos genéticos de inteligencia, belleza y fortaleza. Ellos creían que dicha raza debería preservarse pura y evitar que se contaminara con razas de inferior calidad genética, como los negros o los judíos y sus mezclas impuras, o de lo contrario la degradación genética de las mezclas no deseadas, llevaría al ser humano u *Homo sapiens* a su extinción del planeta, como ya había ocurrido con los *Neandertales* en el pasado.

Los "Dioses Imaginados" del siglo XX, productos de las nuevas ideologías o religiones humanistas o seculares, que tanto daño causaron a la humanidad entre los años de 1920 y 1989, cuando cae la última de ellas, el comunismo soviético, similar al daño causado por las religiones o ideologías teístas (que creen en un dios) muchos años antes (no olvidemos las cruentas Cruzadas cristianas, o las sangrientas invasiones musulmanas a Europa, Asia y África para diseminar el islamismo), fueron progresivamente menguando mientras el mundo se reponía de tanta opresión, muerte y destrucción que esos setenta años del siglo XX había causado a la raza humana.

Luego de esas malas experiencias con las ideologías nacionalistas y totalitarias que embriagaron de muerte y caos a gran parte del mundo, vendría una ola de liberalismo democratizador de las sociedades "civilizadas". A partir de los años setenta del siglo XX hasta el año 2000, los gobiernos democráticos en el mundo se multiplicaron por tres, pasando de 35 a unos 120 en todo el mundo con un impulso especial después de 1989, cuando colapsa el comunismo en la Europa del Este y, tras ese colapso en cascada, se producen las ansias de libertad y de democratización de muchas sociedades en los cinco continentes.

Pero como pasa con todo, el boom democratizador del mundo se ha venido agotando paulatinamente con el correr de los años de finales del siglo XX y comienzos del actual XXI. Los modelos democráticos basados en libérrimas elecciones para que las mayorías escojan a sus representantes se han tornado tan aburridas, monótonas y poco efectivas para resolver los problemas cotidianos de la gente, que han producido una desazón en los electores que les ha hecho perder la fe en esa "religión" también. Una recesión democrática global, ha sido la tendencia más reciente. Tras haber probado muchas opciones durante muchas décadas, los electores del mundo sienten defraudadas sus ilusiones al ver que las personas que ellos han ayudado a poner en los más altos puestos de gobierno se han envilecido con el poder. Se tornan corruptos, ineficientes e incapaces las más de las veces, con escasísimas excepciones. Es la historia de nuestra civilización. Procesos cíclicos que se repiten una y otra vez. No es nuevo lo que nos sucede. Recordemos que ya lo advertían algunos de los más grandes pensadores de la Antigua Grecia, cuna del sistema democrático más primigenio. Lo que Plutarco o Jenofonte opinaban sobre la principal razón del fracaso de la añeja democracia ateniense de hace dos mil trescientos años, la ignorancia de los votantes, resulta ser similar a lo que se opina sobre el mismo tema hoy en día. El reconocido periodista y escritor español del siglo XXI, Arturo Pérez Reverte, lo describe así: "De nada sirven las urnas si el que mete la papeleta es un analfabeto".

Por supuesto, siempre surge alguien que, en esas circunstancias de descreimiento democrático y de apatía política, encuentra una oportunidad para beneficiarse usando esa desmotivación generalizada como palanca para su éxito personal o grupal. Surgen los Moisés o los Mahoma del siglo XXI.

CAPÍTULO 19

La seducción autoritaria.

Si los niveles de alfabetización y de acceso al conocimiento en general se han elevado y expandido tan agresivamente en nuestro mundo actual, ¿por qué continúa ocurriendo esa recesión democrática que experimenta nuestro mundo contemporáneo?, ya que las razones que anticipaba Plutarco en aquellos remotos años de la Grecia antigua - la ignorancia de los electores-, no debería prevalecer como excusa. ¿Cómo nos explicamos esto entonces?, ¿Qué otras razones hay?

Lamentablemente, en los países democráticos de hoy, persisten similares razones por las cuales las masas humanas de votantes continúan eligiendo a los gobernantes menos aptos y peor preparados académicamente para tan importantes posiciones de liderazgo y gobierno. La primera de esas razones continúa siendo la ceguera que les produce la ignorancia, a pesar de los avances educativos y su masiva propagación global -las fuentes que proveen ese conocimiento son con frecuencia interesadamente direccionadas-. La segunda razón es que esa misma ignorancia facilita su manipulación por parte de los hábiles vendedores de ilusiones y esperanzas (los candidatos a gobernantes). Igual que en la Antigua Grecia, las masas de clientes electorales, que los vendedores de ilusiones acumulan embobados por los atractivos beneficios sociales que estos les ofrecen en sus campañas electorales, terminan votándoles y eligiéndoles sus gobernantes. Éstos prontamente terminan, valiéndose de su popularidad inicial, acabando con los sistemas de balance de poder parlamentario y judicial, torciendo a su favor las mismas normas legales que juraron respetar al asumir sus cargos de gobierno. Además de ello, estos "vendedores de ilusiones" se presentan como los redentores de las masas humanas cansadas y desencantadas de los políticos tradicionales, prometiéndoles sacarlos de sus frustraciones y saciar su sed de venganza. Incitan la rabia y descontento de sus seguidores contra las élites poderosas que, siguiendo el estribillo tradicional, le han cercenado sus derechos a una vida digna y les han sumido en la pobreza permanente.

Esta es una tendencia muy marcada en cada vez más gobiernos del mundo en este siglo en que vivimos. Hemos pasado de una Era de gobiernos abiertamente autoritarios y dictatoriales, la mayoría en el siglo XX, dirigidos por los nuevos dioses de las religiones comunista, nazista, fascista, nasserista, etc., a una nueva legión de dioses omnipotentes de la política actual. En el siglo XXI, han nacido ideologías autoritarias más personalizadas de todo color y pelaje, aunque, a decir verdad, estas últimas tendencias derivan más hacia un culto a la personalidad del autócrata que a una ideología clásica del siglo pasado.

Todas ellas comparten características similares. Sus similitudes radican en que los autócratas del siglo XXI, que vendrían siendo los nuevos dioses del presente siglo, propician el culto a su personalidad, combaten el estado de derecho que los llevó a la posición de gobierno que ocupan, son populistas e impulsan sus políticas afianzándose en el nacionalismo y en el miedo. Obsérvese las similitudes con las de los dioses de las religiones monoteístas. Los líderes fuertes quieren y necesitan ser vistos como seres indispensables para el éxito de su nación: El clan de los Kim (abuelo, padre y el hijo ahora) en Corea del Norte, Hugo Chávez en Venezuela, Viktor Orbán en Hungría, Recep Tayyip Erdogan en Turquía y Xi Jinping en China, entre otros, son buenos ejemplos de ello.

Mahoma es el único y verdadero dios, dicen los musulmanes o, Jesucristo es el verdadero salvador, dicen los cristianos. Pues estos autócratas y sus aduladores, ignorantes unos e interesados otros, repiten hasta la saciedad eslóganes similares, como si de dioses se trataran: "El pueblo soy yo", repetía Hugo Chávez constantemente a sus audiencias. Uno de los agentes de prensa de Vladímir Putin manifiesta abiertamente que el objetivo de la maquinaria de propaganda del Kremlin es "garantizar que Putin se corresponda idealmente con la imagen de un héroe salvador", Donald Trump hizo creer a millones de personas que él iba a "Hacer América grande otra vez". Idi Amin Dada, el dictador de Uganda fue adulado como "el señor de todas las bestias y de los peces en los mares", y Nicolae Ceausesco de Rumania era llamado el "Gran Arquitecto" y "el Nuevo Lucero del Alba". Muchos de estos líderes autócratas impusieron su ideología oficial, que al igual que la fe, como ya indicamos anteriormente, constituye un cúmulo de creencias y valores de obligatorio cumplimiento.

La separación de poderes, la libertad de prensa, el contar con un poder judicial autónomo y con Organizaciones No Gubernamentales (ONG's) configuran los fundamentos que mantienen en funcionamiento a las democracias, pero cuando estos elementos comienzan a erosionarse, las democracias comienzan a derivar en autoritarismos regidos por gobernantes que se creen dioses omnímodos.

La receta para destruir al régimen democrático desde adentro para transformarlo en autocracia es básicamente el mismo en los ejemplos que veremos enseguida: Lo primero es hacerse popular, decirle al pueblo lo que quiere escuchar, es decir engañarle, distorsionar la verdad, manipular la información si le es contraria. Una vez logrado el engaño y ser electo gobernante, debe consolidar el poder manteniendo las apariencias democráticas: amañando futuras elecciones regionales o locales para garantizar que sus adeptos ocupen la mayoría de los puestos de poder en el parlamento, gobernaciones y alcaldías. Ese logro le permitirá inmediatamente después desactivar los controles y equilibrios "legalmente", cambiando las constituciones y leyes del Estado, para finalmente llenar el poder judicial y los tribunales con sus leales.

Mientras todo ello ocurre, el autócrata debe mantener a la población contenta con medidas populistas, aunque no sean las más adecuadas para la economía del país. También debe mantener a los opositores neutralizados y amenazados. Se trata de minimizar la represión abierta, para mantener la apariencia democrática a los ojos del resto del mundo; a los opositores más peligrosos los arresta por delitos no políticos, o los detiene por poco tiempo en repetidas ocasiones para intimidar a los demás. El ahogo económico de los empresarios desafectos o, llevarlos a la bancarrota con procedimientos judiciales "ad hoc" es primordial. Igual debe hacerse con los medios de comunicación social que opaquen su labor o no muestren al público lo beneficioso de su sistema político. Acallar a la prensa o domarla en su beneficio, es algo esencial para todo autócrata moderno. En paralelo a esas medidas, debe monopolizar el "trabajo sucio" creando bandas armadas no oficiales que hagan las fechorías y labores de intimidación necesarias para acallar a las voces disonantes o potenciales enemigos. Mantener en constante uso estas premisas y ajustar lo necesario cuando se requiera, es un trabajo de relojero que todo autócrata moderno exitoso debe saber ejecutar. Algunos han sido muy exitosos y se han mantenido en el poder por largos años, y otros no lo han sido tanto y han debido abandonar el poder por las buenas o por las malas.

Podríamos citar como pionero en aplicar esa receta destructora de democracia para convertirla en autocracia al primer ministro Lee Kuan Yew, en el Singapur de 1960 a 1990, y a sus sucesores hasta la actualidad que han seguido aplicando la receta con éxito. El caudillo actual de ese país asiático Lee Hsien Loong, desde 2004, continúa gobernando con base en la intimidación y el control de la opinión pública. En 1999, en Venezuela, asumió democráticamente la presidencia de ese país un militar golpista que había fracasado en la toma del poder por la vía de la fuerza en 1992. Nos referimos al teniente coronel Hugo Chávez Frías. Su primera acción de gobierno, aprovechando su alta popularidad inicial, fue cambiar la constitución del país acomodándola a sus planes futuros de obtener el control judicial, perpetuarse en el poder instaurando la reelección indefinida y nacionalizar las principales empresas generadoras de la riqueza nacional para tener el monopolio de los recursos económicos y por ende comprar las simpatías del pueblo con acciones sociales populistas. Y en Rusia, en ese mismo año, un exagente del KGB de nombre Vladímir Putin se hace con la presidencia de una potencia nuclear que se había venido a menos tras la debacle del comunismo soviético. Al igual que Lee y Chávez, tras hacerse con el poder legítimamente, hizo los cambios estructurales necesarios para perpetuarse en el poder hasta el sol de hoy[52].

La lista de los "nuevos dioses" de este siglo no se detiene en los ya nombrados, algunos de estos aún se mantienen en el poder y otros ya lo han

---

[52] De los tres autócratas nombrados, solo Chávez no permanece en el poder dado su fallecimiento en 2013, aunque durante su convalecencia, dejó el terreno político allanado para su sucesor Nicolás Maduro, aún en la presidencia (2024).

perdido. Tenemos a Mahathir Mohamad en Malasia y sus sucesores Abdullah Ahmad Badawi y Najib Razak; a Nursultán Nazarbáyev en Kazajistán; a Robert Mugabe en Zimbabwe; a Nayib Bukele en El Salvador; a Recep Tayyip Erdogan en Turquía o a Viktor Orbán en Hungría, que han logrado perpetuarse en el poder por muchos años. Otros han intentado asemejarse a los ya nombrados, aunque no han conseguido su cometido, quizás por la robustez de los sistemas democráticos que han tratado de torcer a su favor o por otras razones, tales como la eclosión de hechos muy delicados de violación de derechos humanos, corrupción o aplicación de torturas masivas. Entre ellos tenemos a Donald Trump en Estados Unidos de América y a Jair Bolsonaro de Brasil en el primer grupo, y a Alberto Fujimori del Perú o a Saddam Hussein de Irak en el segundo grupo. La lista no es exhaustiva. Hay muchos otros en el mundo tales como ciertos dirigentes y monarcas del Medio Oriente, Abdelaziz Butlefika en Argelia, el jeque Sabah al Ahmad en Kuwait o Mohamed bin Salmán, príncipe heredero saudita. Todos ellos exigen o han pretendido exigir obediencia ciega y lealtad absoluta a su persona o a su gobierno.

Las similitudes entre estos nuevos dioses del siglo XXI que representan a las religiones seculares y aquellos dioses de las religiones monoteístas o abrahámicas son demasiado obvias. Ambos estilos difunden su mensaje a grandes multitudes, ajustándose a los recursos tecnológicos disponibles de cada época. Antes era transmitido el mensaje de boca en boca, hoy usando los medios de comunicación de masas electrónicos y digitales (evangelización). Ambos estilos de dioses les cuentan a sus feligreses aquello que quieren escuchar: populismo. Ofrecen esperanzas.

Antes se ofrecía la tierra prometida, hoy se ofrecen subsidios; antes la salvación eterna, ahora "Haremos América Grande otra vez"; antes amedrentaban a las multitudes con el infierno, ahora con la cárcel si no somos fieles a su fe; antes existían inquisidores que perseguían a los apóstatas y ahora escuadrones de la muerte o grupos paramilitares que hacen lo mismo. Antes nos armaban y hacíamos la guerra en nombre de la fe, hoy lo mismo en nombre de la ideología que represento. El objetivo de ambos estilos de fe, el religioso y el ideológico, es el mismo: Poder. Mantenemos un orden en la sociedad para nuestro beneficio mediante el ejercicio del poder. Para ello es imprescindible mantener el relato. Antes eran mitos religiosos, ahora son constituciones y leyes estatales.

CAPÍTULO 20

Creo en Dios y amo al prójimo, o engaño al prójimo con algún dios como pretexto.

"Es palabra de Dios", nos decía el sacerdote tras concluir su salmo responsorial o interpretación de alguna lectura o pasaje de la Biblia, y nosotros, los feligreses, teníamos que responder: "Te alabamos Señor". Fíjese que el verbo utilizado denota obligación. Teníamos que responder con esa oración. Era parte del ritual que la fe católica nos obligaba a memorizar desde muy niños. Era, como ya lo había explicado desde el comienzo de este libro, un ritual impuesto por nuestros padres a nosotros sus pequeños hijos, sin que tuviéramos el poder de decidir si era eso lo que nosotros queríamos. Era así y continúa siéndolo. Un niño, a su corta edad, es obvio que no tiene el discernimiento para decidir lo que quiere o le apetece ser. Ellos, nuestros padres, deciden por nosotros.

Pero la fe católica o cristiana en la actualidad es mucho más benévola que otras fes. Aquellos que hemos sido iniciados en la fe cristiana, como ya lo mencionaba antes, que, tras pasar los años y alcanzar la adultez, tenemos la potestad de, o bien ignorarla o bien seguir creyendo sin pasión o bien volvernos más fanáticos y asistir a misa cada domingo, o recorrer los siete templos en Semana Santa o, incluso, en plan turismo, recorrer rutas de peregrinación en variados países donde se supone que ocurrieron eventos importantes que le dan sentido a sus creencias. Es una fe muy voluntaria en la actualidad, donde nadie es forzado a seguir sus dogmas más allá de lo que cada uno está dispuesto a sacrificar o a temer tras la muerte, por aquello de que el infierno espera a los infieles.

Las fes musulmana y judaica son mucho más "dictatoriales" y rigurosas con sus feligreses. Aunque también esos monoteísmos tienen sus derivaciones sectarias como las tiene el cristianismo; el islamismo y el judaísmo en general suelen ser mucho más estrictos con sus feligreses en cuanto al cumplimiento de las normas que esas religiones imponen. Por ejemplo, dentro del islamismo existen dos corrientes, ya que de alguna forma difieren en la interpretación de su libro sagrado, el Corán. "Algo menos del 85% de los 1.900 millones de musulmanes del mundo pertenecen al sunismo, y algo menos del 15% al chiismo"[53], aunque existen otras minúsculas agrupaciones como los sufíes o los ahmadis o los jaariyas, cuyos integrantes o seguidores, al no ser considerados suficientemente observantes, sufren ataques y agresiones por parte de los radicales sunitas. Y esas desavenencias se arrastran desde el año 632 de nuestra Era.

Las religiones monoteístas se asemejan en el método de adoctrinamiento e iniciación de sus pequeños nuevos feligreses. Los niños entre uno y diez o trece años son el caldo de cultivo perfecto, ya que a esas edades somos dependientes enteramente de nuestros padres y madres o, en el caso de los huérfanos, de la educación del orfanato donde han crecido, la mayoría de ellos en manos de religiosas o sacerdotes o pastores o como quiera que se les llame en cada religión. En paralelo, el contenido curricular de los sistemas educativos de muchos países, donde se enseña a los niños las cosas más elementales, tales como leer y escribir, en muchos países se ve aderezado con un agregado religioso. El nombre de Dios, o Alá o Yahvé está fuertemente imbricado en las mentes de la inmensa mayoría de los niños de nuestro mundo, aun en este siglo de acrecentado descreimiento. La diferencia es que, en el culto

---

[53] Yitzhak y Martín de Pozuelo, "El Yihadismo", 2021, p.53.

cristiano, la creencia y observancia de sus rituales es bastante laxa. Cada uno, al llegar a la adultez, es libre de seguirlas o no, sin temor a represalias o castigos terrenales por ello.

En el judaísmo y en el islamismo tradicional no existe tanta benevolencia con quienes hayan nacido y crecido en países o comunidades de férrea observancia religiosa. El culto a Dios es una obligación que no acepta discusiones. En esas dos religiones en particular, hasta la forma de vestir, o de conducirse en la vida pública, e incluso dentro del propio hogar, es observado y penalizado. Aunque en este mundo globalizado e interconectado de hoy, no resulta un secreto para nadie lo dicho, reseñaré lo que la educadora y escritora Yasmine Mohammed relata en su libro "Sin Velo" acerca de su personal experiencia de vida como hija de padres musulmanes:

"Mis días se iniciaban con alguien arrojándome agua fría a la cara para que me despertara antes del amanecer, hora del primer rezo diario. Todos los niños éramos despertados de este modo. Todavía tengo miedo de ahogarme. (…) aún quedaban horas hasta que llegara el momento de ir a la escuela, y esas horas transcurrían leyendo el Corán. Murmuraba mecánicamente esos vocablos extraños que no encerraban ningún sentido para mí, un sonido rítmico, hipnótico y nasal con un siniestro significado del que me enteré años después. Apenas podía ver las palabras en la página a través de las lágrimas y del agotamiento. Pero equivocarme al leer podía conllevar un puñetazo en la cabeza, así que leía, leía y leía. Mascullaba las frases en voz alta, meciendo mi cuerpo hacia adelante y hacia atrás."[54]

Continúa ella explicando que el propósito de ese tedioso ritual no era entender lo leído, sino memorizarlo. Con tan solo seis años, era golpeada en pies y manos con una vara, si las oraciones no salían de su boca correctamente. El propósito de leer las oraciones del Corán no era entenderlas, sino memorizarlas. A los musulmanes no se les alienta a saber lo que están leyendo o recitando, dice Yasmine, sino a repetirlo con éxito. Yo agregaría que los católicos tampoco conocemos, de niños, lo que rezamos. Solo repetimos oraciones y cánticos aprendidos de memoria. Ella, de mayor y con más criterio,

---

[54] Op. cit. p.65

aprendería que lo que de niña era forzada a predicar de memoria, tildaba a los no musulmanes de ser enemigos de Alá, que los musulmanes que simpatizaban con no musulmanes estaban condenados al infierno y que el pueblo judío era infrahumano. Si esto no es adoctrinamiento fanático, usted me dirá que es, estimado lector.

El tercer gran monoteísmo, como ya sabemos es el judaísmo. En cuanto al requerido apego a las normas de esa fe que se exige a sus seguidores, podríamos ubicarla a medio camino entre el islamismo, la más férrea, y el cristianismo, las más laxa. También en el judaísmo se ven derivaciones sectarias. Los más radicales son los ultraortodoxos, quienes se apegan a la estricta observancia a los mandatos extraídos de la Torá, su libro sagrado. Los ultraortodoxos son especialmente devotos y suelen vivir en comunidades muy cerradas que evitan el contacto con el resto de las sociedades que los rodea. También están los ortodoxos modernos que, aunque seguidores de la fe, se han abierto al contacto y al compartir con otras comunidades humanas que no siguen su misma fe. Observan sus rituales sagrados sin fanatismo.

Como vemos, la humanidad está repartida en seguidores de diferentes creencias religiosas, las tres abrahámicas ya mencionadas que aglutinan a la mayoría de la población mundial, y todas las minoritarias que también se han señalado. Politeísmos, animismos y monoteísmos han moldeado las agrupaciones humanas a lo largo de la historia. Y el factor más importante que resalta de la unión de estas fes con la política de los gobernantes de cada imperio, país o pueblo es que han facilitado la unión de voluntades dispersas para conseguir un fin político superior. Las religiones a través de la historia de la humanidad han ayudado a crear y desintegrar imperios. Y, ¿por qué los seres humanos hacemos eso?

La evidencia que nos dan los resultados de múltiples estudios realizados a lo largo de tantos años de evolución humana, llevados a cabo por un sinnúmero de especialistas que se dedican a escrutar la mente, la razón y el comportamiento de los seres humanos, nos enseñan que, de todas las especies animales que existen sobre el planeta, a pesar de que compartimos más del 90% del material genético con el resto de los simios, mamíferos y muchos otros seres vivos, los humanos somos los únicos que tenemos conciencia creadora, que pensamos, imaginamos y creamos símbolos. Que con ellos hacemos palabras y a través de ellas, expresamos sentimientos. Somos los únicos seres vivos que interpretamos situaciones a través de esos símbolos, construimos tótems, veneramos dioses y por ellos hacemos la guerra.

De ese imaginar, percibir sentimientos, pensar, crear y transmitir emociones, rasgos que nos hacen los seres vivos más creativos sobre el planeta, nació la semilla que ha producido que toda nuestra vida en sociedad sea como la conocemos hoy. Empezamos creando símbolos, palabras, dibujos y de allí desarrollamos expresiones, cantos, mitos, filosofías, invenciones manuales, símbolos y religiones. Desde esa etapa inicial de nuestra humanidad, de la que hablábamos en los capítulos iniciales de este libro, cuando decenas de miles de años atrás éramos tan solo grupos pequeños de seres cooperativos, cazadores y recolectores que se agrupaban en pequeñas comunidades, hasta la civilización que tenemos hoy, con un crecimiento exponencial de la población que nos acerca a los 7 u 8 mil millones de habitantes, ha sido menester crear mecanismos de control y organización para lograr una necesaria colaboración y disciplina en las ingentes masas humanas que hoy poblamos el planeta.

Mecanismos o herramientas de control como crear mitos, leyendas, ritos, seres imaginados y poderes sobrenaturales que induzcan miedo, respeto y admiración, han sido exitosos. Esas han sido y continúan siendo las herramientas más elaboradas de control que ha inventado el ser humano desde hace muchos miles de años. Se fueron perfeccionando y ampliando para crear sistemas filosóficos, económicos, sociales y legales. Ley y orden fueron haciéndose cada vez más necesarios para organizar, concertar y utilizar a las masas humanas coordinadamente y en beneficio de aquellos que con astucia nacían para dirigir, ordenar y manipular.

Cuando les damos valor a los símbolos que creamos, los reforzamos con mitos que refuerzan su poder y les rendimos el respeto debido con rituales que producimos en honor a esos símbolos, logramos crear una identidad que nos une y nos identifica como una comunidad específica y distinta a otras. Eso amalgama a un colectivo diverso bajo una identidad común, bajo un símbolo que lo representa y distingue de otros. Pareciera exagerado, pero precisamente eso es lo que ha permitido que miles y millones de personas realicen actividades y trabajen coordinadamente en busca de un interés colectivo. Los símbolos, con sus ritos y mitos, nos han unido como grupos humanos desde hace cientos y miles de años. Desde figuras de piedra o barro, pasando por cruces, medias lunas, hoces y martillos o esvásticas, hasta banderas y escudos nacionales, todos son símbolos creados por el hombre para distinguirnos y hacernos sentir parte de algo, de una comunidad o de un equipo o de un país o de una particular religión que nos representa. Nos manipulan y manipulamos a través de los símbolos.

Y, dado que la evolución de nuestra naturaleza humana nos ha forjado desde siempre para competir, para prevalecer, para transformar el medio que nos rodea, para luchar y dominar, pues está en nuestros genes el ser seres obsesionados por el reconocimiento de los demás, obsesionados con el poder para dominar a otros y conquistar, no solo voluntades, sino territorios, recursos materiales y humanos, y hasta otros planetas, tan pronto la ciencia descubra como llegar a ellos. El doctor en humanidades mexicano Juan Miguel Zunzunegui sintetiza magistralmente la definición de nosotros, los seres humanos: "Somos un primate que conspira por el poder, y no hay mejor forma para ello que controlar el pensamiento".[55]

La historia de nuestra civilización ha sido siempre así. Unos pocos gobiernan a la inmensa mayoría que trabaja por y para ellos. Creamos símbolos, un mito y una narrativa alrededor de ese símbolo, creamos un ritual de adoctrinamiento, para generar un orden y también para sembrar un temor a quienes pretendan apartarse de la norma, para luego conquistar el poder. Se trata de formar un pensamiento colectivo uniforme generado por las élites. Como ya hemos anticipado, ese pensamiento colectivo y aglutinador se crea y refuerza a través de la religión o de la ideología, de los sistemas educativos y a través de los medios de comunicación de masas. Todas son élites. Sean políticas, religiosas o empresariales.

Recordemos que su misión es canalizar nuestro pensamiento colectivo en una dirección conveniente para ellos, y todo se logra creando un relato (religión-ideología), un símbolo (banderas, imágenes, cruces, esvásticas, escudos, etc.) que lo represente, y evangelizando a las masas humanas que harán el trabajo deseado (sistemas educativos, medios de comunicación o predicando en iglesias, mezquitas o sinagogas). Es toda una invención humana, fruto del matrimonio perverso entre la política y la religión. De esa unión

---

[55] "La Revolución Humana", 2022, p. 32

nacieron los imperios primero y los estados-nación luego.

CAPÍTULO 21

Una relación simbiótica.

Como ya hemos señalado, sintetizando un poco lo ya descrito desde el comienzo, desde hace varias decenas de miles de años, cuando el ser humano se hizo sedentario al dejar de vivir exclusivamente de la caza, convirtiéndose en un ser de producción agrícola y de animales domesticables, comenzó a consolidar asentamientos estables que iban creciendo y por tal razón expandiéndose por vastos territorios del planeta. Con esas incipientes urbes, comenzaron a nacer los dirigentes, gobernantes y los líderes de cada grupo humano. Conviviendo y creciendo en esas estructuras sociales, se crearon jerarquías, normas, leyes, símbolos identitarios, riqueza y, de esa mezcolanza de factores, surgirían las rivalidades y los conflictos.

De esas incipientes sociedades, a caballo entre armonías y rivalidades, surgió el linaje, las castas, los guerreros que los protegían y, por supuesto, los patriarcas que crearían los relatos necesarios para darle sentido a la necesitada narrativa fundacional de cada sociedad. Narrativa que le da sentido y justificación al poder de las élites, ni más ni menos. Aquellos pueblos originarios, a falta de ciencia, conocedores de unas muy rudimentarias tecnologías, se decantaron por creer en la magia y en la religión.

Entonces, para lograr que miles y millones de personas trabajaran por un objetivo común, preservando en el poder a los astutos líderes de esas sociedades, regiones o imperios que se formaron y crecieron a través de miles de años; las incipientes elites de poder, pronto se dieron cuenta de que había que sembrar una identidad en esas sociedades, lo que permitiría que todas esas gentes compartieran un ideal común, inspirador, heroico y esperanzador, difundiéndolo agresivamente hasta que creyeran en él. Para ello se ingeniaron relatos, símbolos y mitos que los unificara bajo un mando o dirección única. El relato patriótico consistente de una gesta heroica que narre el nacimiento de ese pueblo, unificado bajo un símbolo o insignia, llámese bandera, cruz o efigie, con un himno solemne motivador, estableciendo un orden y vislumbrando una esperanza futura; eso le daría a esa comunidad o sociedad razones para tener sentido de pertenencia, un orgullo y un horizonte de esperanza. Así fue y así sigue siendo.

Cuando millones de personas en nuestro mundo actual comparten una misma creencia, para eso tenemos los dioses, se sienten identificados con algo que se les ha hecho creer por siempre que es superior, divino, ubicuo y poderoso, eso crea unión de grupo, sentido de pertenencia, admiración común y temor compartido, aunque entre ellos no se conozcan, ni hablen el mismo idioma. De manera similar, cuando una comunidad comparte una bandera, un escudo, un himno y un mismo mito o relato patriótico, todos ellos se sienten parte de un mismo grupo y será más fácil hacerles producir en beneficio de un objetivo común, llámese nación, imperio, reino, democracia, capitalismo, socialismo o, hasta en un nivel menor de asociación que comparta valores y prestigio, como equipos deportivos, organizaciones empresariales o lo que sea que nos haga sentirnos parte de un algo, de una comunidad o de una sociedad.

Todo sistema de poder requiere de un discurso que lo sustente y legitime. Esas historias le dan poder a quien las cuenta. El discurso epopéyico bolivariano le da sustento al socialismo del siglo XXI, el discurso de las glorias del antiguo imperio de los zares rusos sustenta la aventura expansionista rusa en detrimento de su vecina Ucrania en pleno siglo XXI. El pueblo inglés sigue mayoritariamente identificado y orgulloso de su antigua monarquía, como los estadounidenses lo están de su democracia y de sus padres fundadores. Todo mito se crea para cohesionar a la sociedad. Los dioses han sido la mitología perfecta para sostener a nuestra civilización, a través de sus principales herramientas: la religión y la política. Es una relación simbiótica entre ambas, se mezclan, se fusionan e interactúan en beneficio del poder de las élites.

El plan es perfecto. La familia como base de la sociedad, inculca a los niños las creencias heredadas de sus antepasados, los niños crecen con esas ideas que les han sido inoculadas desde antes de tener siquiera uso de razón. Crecen con los mismos ritos heredados y llegan a la adultez convertidos en creyentes de una fe impuesta que sustenta el relato de la sociedad a la que pertenecen. Esos dioses que encarnan su fe sustentan al imperio o gobierno y estos a su vez, se mantienen en conflicto con otros, usando sus dioses como pretexto. Basta solo mirar el eterno conflicto entre el mundo cristiano occidental y el mundo árabe musulmán, que viene prolongándose con mayor o menor intensidad desde hace miles de años.

Los imperios de este siglo son las grandes corporaciones empresariales que mueven al mundo con su dinero, que se alían con democracias, dictaduras y poderes autocráticos en todo el globo. Si el petróleo o el gas natural o el coltán que necesito están en algún lugar del mundo que no comparte mis creencias o ideologías y no está dispuesto a compartirlo conmigo, pues usando a Dios como pretexto, voy y se lo quito. Así ha sido siempre y así sigue ocurriendo. Desde los años 600 de nuestra Era, los musulmanes han invadido y ocupado cada vez más territorios, hacia el oeste arrebatándoselo al Imperio romano, cristiano en su fe y, hacia el este y sur, quitándoles territorios a los persas y tribus turcomanas de Asia. La búsqueda de nuevos territorios y de los recursos que contienen, usando a Dios como insignia moral, ha sido la norma de nuestra civilización. En el siglo XV la cruz de los cristianos irrumpió en América en busca de materias primas, "evangelizando" a pueblos milenarios que allí habitaban con sus propios dioses y creencias. Los reinos de Castilla y León, católicos, se ocuparon del centro y sur del continente y, los puritanos venidos desde Inglaterra, Holanda y Escocia se encargaron del norte de América. Te conquisto porque puedo, porque tengo el poder para hacerlo y porque tengo el amparo y protección de mi dios.

Lo absurdo de todo eso es que la media luna del islam que se enfrenta a la estrella de David judía o la cruz de los cristianos en batallas y guerras interminables, son símbolos diferentes que representan al mismo Dios. Recordemos que todas las religiones monoteístas tienen un mismo origen: el patriarca Abraham de los judíos, padre de Ismael e Isaac, de cuya descendencia nacen los relatos cristiano e islamita, narrados en el libro del Génesis, el primer libro de la Torá y el Antiguo Testamento, tienen su origen en un relato que es atribuido a Moisés. Los musulmanes reconocen la mayor parte de los relatos del Génesis, incluyendo a Adán como primer hombre sobre la tierra, a Moisés como el relator de la leyenda y al mismo Jesús como a uno de los profetas del islam. Los mismos actores, diferente relato. Ahí yace el problema que nos divide como humanidad, y todo ha sido inventado por seres humanos de carne y hueso como usted y yo, querido lector.

En el siglo IV de nuestra Era, el emperador romano Constantino, impuso el cristianismo en los dominios de sus variadas poblaciones politeístas, tratando de salvar su declive como imperio. Les dio poder y dinero a los líderes religiosos comunitarios, les edificó templos y les dio estructura jerárquica con miras a crear un único relato o evangelio, unificando la doctrina de la Iglesia católica en una sola y verdadera. Determinó que el líder religioso de la capital del Imperio, el *episkopo* u obispo de Roma sería el líder de la institución, se crearon dogmas, se estableció el único y verdadero evangelio, filtrando lo inconveniente o contradictorio de las decenas de diferentes evangelios que existían. Las escrituras sagradas se ajustaron convenientemente y se dictaminó que esas eran las dictadas por Dios. Tras instituirse lo acordado, todos los habitantes del vastísimo imperio romano pasaron a ser cristianos y a creer en algo que no entendían suficientemente. Pero, tras el paso del tiempo, las generaciones futuras se adaptarían a los dictámenes del Emperador. La posterior división del ingobernable Imperio en dos mitades, el de Oriente y el de Occidente, daría paso a las rivalidades entre sus dos gobernantes, ambos hijos de Constantino.

El imperio de Occidente duraría otros cien años antes de sucumbir a las realidades del Medioevo europeo: el feudalismo y el catolicismo se habían expandido por Europa. El imperio de Oriente, también cristiano, duraría novecientos años más, aunque imponiendo su propia versión teológica del mismo credo. Tras dividirse y enemistarse ambos Imperios, se conformó la Iglesia latina y católica en occidente, y la griega ortodoxa en oriente. La primera usó el latín como lengua bíblica y la de oriente usó el griego por ser el lenguaje comúnmente utilizado en esa porción geográfica. Como vemos se trata del culto a un mismo Dios, pero manipulado por hombres que rivalizaron por el poder político influenciados por el terrenal ego humano.

Muchos años después un próspero y errante comerciante árabe, Mohamed o Mahoma o Muhammad, consagraría un nuevo Imperio monoteísta desde Egipto a Persia y hacia toda la Mesopotamia. Un credo diferente con el mismo Dios surgiría como alternativa aglutinadora de las masas humanas de esas inhóspitas regiones del planeta. Sus contactos mercantiles con judíos y cristianos le harían madurar su propia idea y estrategia aglutinadora de nuevos feligreses. Por años predicó su propia versión histórica del monoteísmo, aprendida de judíos y cristianos, convirtiéndola en lo que llamó islam. El judaísmo, el cristianismo y el islamismo comparten el mismo Dios y la misma narrativa: Adán y Eva en el Edén, el demonio, su expulsión del paraíso, el diluvio universal, el arca de Noé, el destierro de los judíos y a Moisés con sus diez mandamientos, la milagrosa concepción de Jesús por parte de la virgen María, etc. La diferencia que mantiene a esas fes en constantes discordias y conflictos es que el judaísmo no reconoce a Mohammed como profeta y el islamismo no reconoce a Jesús como hijo de Dios, sino como uno de sus profetas. Son meras menudencias creadas por humanos con claros intereses por la confrontación política, con el apoyo de las élites de poder, para obtener el dominio y control de las masas humanas en su beneficio.

Así como el Estado-Nación o el Reino son los hijos políticos de las transformaciones sociales y económicas de la humanidad; los sacerdotes, rabinos o imanes son sus hijos espirituales. Estos son los servidores más directos de Dios (recordemos que es el mismo Dios para los tres monoteísmos), son los que poseen la sabiduría para interpretar las palabras de los textos sagrados y por ello los únicos con la autoridad para interpretar si las acciones humanas, de todos los humanos, incluyendo a los líderes de las élites políticas y económicas, son justas y adecuadas. Los Ayatolas para el islamismo, los Rabinos para los judíos o el Papa para los católicos, constituyen la principal casta de burócratas religiosos consagrados a interpretar los secretos de los sagrados ritos milenarios inalcanzables para los miles de millones de simples mortales que habitamos este mundo. Los políticos representan a la Patria y los religiosos al Dios de cada uno.

Lo había mencionado en la introducción. La inscripción en el escudo de la Escuela Naval de Venezuela, en la que me formé profesionalmente, reza "Dios y Patria". Queda demostrado que Dios y Patria son un equipo invencible. Han roto todos los récords de opresión y de derramamiento de sangre a través de nuestra historia. Por ello coincido con las palabras del doctor en historia contemporánea, profesor universitario y autor de más de una veintena de libros Luis E. Iñigo Fernández, cuando dice que **en una sociedad en la que fe y política son inseparables, las disensiones encarnan pronto en herejías.**

BIBLIOGRAFÍA CONSULTADA

Applebaum, Anne. 2021. El Ocaso de la Democracia, La Seducción del Autoritarismo. Penguin Random House Grupo Editorial, Madrid, España.

Bermúdez de Castro, José María. 2021. Dioses y Mendigos. Editorial Planeta, Barcelona, España.

Cruz, Manuel. 2021. Democracia, La Última Utopía. Editorial Planeta, Barcelona, España.

Dawkins, Richard. 2006. El Espejismo de Dios. Editorial Planeta, Barcelona, España.

Fernández Muñoz, Manuel. 2018. Jesús no era Cristiano. Editorial Guante Blanco, España.

Frattini, Eric. 2016. El Libro Negro del Vaticano. Espasa Libros, Barcelona, España.

Galán, Juan Eslava. 2009. El Catolicismo explicado a las Ovejas. Editorial Planeta, Barcelona, España.

Galán, Juan Eslava. 2020. La Biblia contada para Escépticos. Editorial Planeta, Barcelona, España.

Galán, Juan Eslava. 2019. La Conquista de América contada para Escépticos. Editorial Planeta, Barcelona, España.

Guriev, Sergei y Treisman, Daniel. 2023. Los Nuevos Dictadores. Centro de Libros PAPF, Barcelona, España.

Haidt, Jonathan. 2019. La Mente de los Justos. Editorial Planeta, Barcelona, España.

Harari, Yuval Noah. 2017. De Animales a Dioses. Penguin Random House Grupo Editorial, Montevideo, Uruguay.

Harris, Sam. 2004. El Fin de la Fe. Editorial Paradigma, Madrid, España.

Iñigo Fernández, Luis. 2022. Historia de los Perdedores. Editorial Planeta, Barcelona, España.

Iñigo Fernández, Luis. 2015. Breve Historia del Mundo. Ediciones Nowtilus, Madrid, España.

Martín de Pozuelo, Eduardo y Yitzhak, Eduard. 2021. El Yihadismo, claves de un fanatismo global. Ediciones Cátedra, Madrid, España.

Maza Sancho, José María. 2020. Somos Polvo de Estrellas. Editorial Planeta, Barcelona, España.

Mohammed, Yasmine. 2019. Sin Velo. Libros del Zorzal, España.

Naím, Moisés. 2022. La Revancha de los Poderosos. Penguin Random House Grupo Editorial, Cdad. De México, México.

Nixley, Catherine. 2019. La Edad de la Penumbra. Penguin Random House Grupo Editorial, Barcelona, España.

Rachman, Gideon. 2022. La Era de los Líderes Autoritarios. Editorial Planeta, Bogotá, Colombia.

Sagan, Carl. 2017. El Mundo y sus Demonios. Ediciones Culturales Paidós, Cdad. De México, México.

Vidal, César. 2020. Un Mundo que Cambia. TLM Editorial Services, Nashville, Tennessee, E.U.A.

Zunzunegui, Juan Miguel. 2021. La Revolución Humana. Penguin Random House Grupo Editorial, Cdad. De México, México.

Zunzunegui, Juan Miguel. 2023. Falsificar la Historia. Penguin Random House Grupo Editorial, Cdad. De México, México.

También del autor.

El capitán de navío José Luis Santín también es autor del libro sobre la historia del arte de la guerra titulado: **"De Megido a Gaza, 3.500 años de Historia Militar"** publicado en 2010.

En él se analiza el origen y desarrollo de los conflictos militares surgidos en cada época de la humanidad. Se revisa las "reglas de la guerra" adoptadas por los comandantes militares más importantes de cada época, las tácticas empleadas, las armas utilizadas y, se demuestra cómo a través de los siglos, estas reglas se han repetido una y otra vez, solamente ajustadas en sí mismas para superar los retos que los avances tecnológicos imponen.

También lo es del libro **"Al Ocaso de mi Carrera, Cárcel o Exilio"**, **publicado en 2020**, donde narra cómo huyó de su país Venezuela, que, gobernado por un autócrata socialista, fue forzado a abandonar su carrera militar y emigrar, junto a su familia, a los Estados Unidos de América. Una historia de vida real, sufrida por muchos otros también.

Ambos títulos también disponibles en Amazon.com.